思索
사색은 나라를 생각하고(思) 나를 찾자(索)라는 뜻이다

빛 힘 숨

십자가 부활 승천

김흥호 사상 전집 · 성경강해 1

빛 힘 숨

십자가 부활 승천

요한복음 강해

제1권

요한 1~5장

1993년 3~6월

김흥호

사색

빛 힘 숨

복음은 기쁜 소식이다.
기쁜 소식이란 내가 죄에 죽고
하나님의 아들로 태어나서
영원한 생명을 얻는다는 것이다.

죄에 죽는 것이 십자가요
하나님의 아들이 되는 것이 부활이요
영원히 사는 것이 승천이다.

하나님을 아는 것이 죄에 죽는 십자가요
그리스도를 아는 것이 하나님의 아들인 부활이요
성령을 아는 것이 영원을 사는 승천이다.
하나님은 십자가요, 그리스도는 부활이요, 성령은 영생이다.

내가 그리스도와 함께 십자가에 못 박혀 죽었으니
이제는 내가 사는 것이 아니라
그리스도가 내 안에 산다(갈 2:20).
내가 십자가에 못 박혀 죽어 죄가 사라지고
그리스도가 내 안에 살아 부활했으니
하나님의 아들이 된 것이다.
그리하여 성령의 도움으로 살아서도 살고
죽어서도 사니(요 11:25) 영원한 생명이다.

죄가 없어지는 것이 십자가요
하나님의 아들 되는 것이 부활이요
영원을 사는 것이 승천이다.

하나님의 빛(십자가)으로 죄가 사라지고
그리스도의 힘(부활)으로 하나님의 아들이 되고
성령의 숨(승천)으로 영원히 살게 된다.
이것을 빛, 힘, 숨이라고 한다.

본질직관, 하나님을 만남으로 죄가 사라지고(십자가)
근본경험, 그리스도를 만남으로 하나님의 아들이 된다(부활).
인간구원, 성령을 만남으로 영원한 생명이 된다(승천).

본질직관: 빛
근본경험: 힘
인간구원: 숨

빛 힘 숨: 십자가 부활 승천

2010년 9월 10일

머리말

바울은 율법이 아니고 믿음이라고 강조한다. 자력自力이 아니고 타력他力이라는 것이다.

바울은 율법을 무시하는 기독교인을 반역자로 생각하여 그들을 벌주기로 하고 스데반을 때려죽일 때 앞장을 선다.

그리고 기독교인의 중심 안디옥으로 내려가다가 다메섹에서 그리스도를 만난다. 본질직관本質直觀이다. 사흘 동안 눈을 잃었던 바울은 아나니아의 도움으로 눈을 뜨고 근본경험을 하게 된다. 그리스도의 노예가 되어 빛을 얻고, 사도가 되어 힘을 얻고, 복음 전도자가 되어 숨(생명)을 얻게 된다.

이리하여 바울은 믿음으로 살게 된다. 믿음이란 순 타력을 뜻한다. 내가 이제 그리스도와 함께 십자가에 못 박혀 죽었으니 내가 사는 것은 내 안에 부활한 그리스도를 믿는 믿음으로 살게 된다(갈 2:20)는 것이다. 자기 힘이 아니고 순전히 그리스도의 힘으로 살게 된다. 바울은 이것을 믿음이라 하고, 우리는 그것을 근본경험이라고 한다. 누구든지 그리스도 안에 있으면 새로운 피조물이라. 이전 것은 지나가고 새것이 되었다(고후 5:17). 요한은 이것을 중생重生이라고 하고, 요한복음 11장 25절에는 부활이라고 한다.

계란이 어미닭 품안에서 깨어나 병아리가 되어 눈을 뜨고(요 1:1), 일어서고(요 1:14), 날아간다(요 1:18). 요한은 어미닭을 만나(본질직관) 눈을 뜨고 일어서고 날아가는 것을 근본경험이라고 한다. 바울이나 요한이나 모두 4차원의 세계다. 그런 의미에서 요한은 바울의 후계자임에 틀림이 없다.

동양에서는 4차원의 세계를 각覺 눈을 뜨고, 도道 일어서고, 인仁 날아간다고 한다. 화엄華嚴에서는 "일도출생사一道出生死 일체무애인一切無碍人"이라고 한다. 요는 '생멸멸이生滅滅而 적멸위락寂滅爲樂'이 되어야 한다.

물속에 머리를 집어넣으면 붕 뜬다. 그러면 어디나 갈 수 있다. 요는 붕 뜨는 것이다. 생멸이 없어지는 것이다. 요새는 이것을 현존재라고 한다. 달처럼 하늘에 떠오르는 것이다. 달처럼 3

일 만에 부활하고, 보름 만에 생명(만월滿月)이 되어야 한다.

결국 동양 종교와 기독교의 차이는 자력自力과 타력他力의 차이다. 바울은 그리스도를 만나고, 요한은 어미닭을 만나야 병아리가 된다. 동양은 고행을 통하고, 기독교는 믿음을 통한다. 자력과 타력의 차이다. 고행은 들어가기는 쉬우나 깨닫기가 어렵고, 믿음은 들어가기가 어려운데 깨닫기는 쉽다.

때는 인간들의 탐욕으로 지구가 멸망에 빠져들어 가고 있다. 열대에 눈이 오고, 남극에는 얼음이 녹아가고 있다. 인류는 하나가 되어 지구를 살려내야 한다. 자아를 넘어서 무아無我가 되었다가 대아大我가 되어야 한다. 자력과 타력이 하나가 되어야 인류를 살리고 지구를 살려낼 수 있다. 그래야 사람도 살고, 자연도 산다.

오늘도 달은 햇빛을 받아 지구를 밝히고 있다. 이것을 요한은 길이요(월月), 진리요(태양太陽), 생명(지구地球)이라고 한다. 회광반조廻光返照요 4차원四次元의 세계다.

2010년 2월 25일

김흥호

요한복음 강해 서문

요한복음은 유영모 선생님께서 참 좋아하신 복음이다. 본래 마태복음은 유대 사람, 마가복음은 희랍 사람, 누가복음은 로마 사람, 요한복음은 동양 사람을 위해서 써졌다고 한다. 요한복음이 동양 사람을 위해서 써졌다는 것은 동양은 믿음을 강조할 만큼 신관神觀이 발달되지 않았다는 것을 말한다. 동양에는 하나님이 모세에게 나타났다든가, 예수에게 나타났다든가 그런 것이 없다.

공자는 오십에 지천명知天命이라 하고, 석가도 법의 등불을 강조한다. 모두 지知를 깨친 사람들이다.

요한은 17장에 하나님을 알고 그리스도를 아는 것이 영원한 생명이라고 한다. 나는 하나님을 아는 것을 본질직관本質直觀이라 하고, 그리스도를 아는 것을 근본경험根本經驗이라고 한다. 본질직관은 4차원에 들어가는 길이요, 근본경험은 4차원을 체득하는 모습이다.

본질직관을 통해서 시간이 제단際斷 되고, 근본경험을 통해서 공간이 충만 된다. 시간이 무한하고 공간이 허무한 것이 아니다. 시간은 제단되어 유한해지고, 공간은 충만하여 실존이 된다. 끝없는 윤회는 끊어지고(생멸멸이生滅滅而), 깨달음의 기쁨은 충만하게 된다(적멸위락寂滅爲樂).

노자도 본질직관을 주장하고(상무욕이관기묘常無欲而觀其妙), 장자도 근본경험을 주장한다(대종사大宗師, 덕충부德充符, 소요유逍遙遊). 통일과 독립과 자유다.

바울은 본질직관을 새 사람이 되는 것이라고 하며(고후 5:17) 직관 전과 후는 시간제단으로 상상할 수도 없이 달라진다고 하였다. 죄인이 의인이 되고 만 것이다. 그리고 시간제단 후에는 공간충만이 찾아온다. 하나님을 알게 되고, 그리스도를 알게 되고, 성령을 알게 된다.

공자는 30에 하나님을 알게 되고(30입三十立), 40에 그리스도를 알게 되고(40이불혹四十而不惑), 50에 성령을 알게 되어(50이지천명五十而知天命), 60에는 귀가 뚫리고, 70에는 마음대로 해도 진리를 벗어나지 않는 종심소욕불유구從心所慾不踰矩의 자유인이 된다. 이리하여 공자는 인격이 통일되고 독립하고 자유를 얻어 진짜 인격자(인仁)가 된다.

공자, 석가, 노자는 2,500년 전에 4차원을 산 사람들이다. 모두 고행을 통한 사람들이다. 지를 통한 4차원의 길은 험난한 천난만고千難萬苦의 길이다. 대중들이 가기에는 너무도 좁다. 그래서 하나님께서는 유대인을 시켜서 기적의 넓은 길을 마련하였다. 그들은 맨발로 홍해를 건너가고, 하나님의 아들 그리스도는 십자가의 고난을 혼자 지고 속죄의 길을 걸어갔다. 누구든지 저를 믿으면 멸망하지 않고 영생을 얻는다(요 3:16)고 한다. 그러면서 요한복음 17장 3절에는 하나님을 알고 그리스도를 아는 것이 영원한 생명이라고 지혜의 고행 길도 남겨 두었다.

유영모 선생께서는 요한 17장을 다 따로 외우셨다. 몇 번이고 몇 번이고 따로 외우면서 스스로 고행 길을 걸어가셨다. 그는 인천도 걸어가고, 개성도 걸어가고, 서울 안에서는 차를 타지 않으셨다. 보름동안 단식하고도 YMCA까지 걸어 오셨다. 단식인전생심소斷食人前生心消하기 위해서다. 그런데 유영모 선생께도 하나님의 사랑이 나타났다. 그가 52세 되는 정월 초이틀에 하나님의 계시를 받게 된다. 그는 기쁨에 넘쳐 38년 만에 믿음에 들어간 이의 노래를 부르게 되었다. 그는 공자나 노자나 석가보다도 그리스도를 더 따르게 되었다. 그리스도만이 주님임을 주장하게 된 것이다. 45년간 YMCA에서의 그의 성경 강의는 기쁨에 찬 것이었다. 그는 둥실둥실 춤을 추면서 강의한 때도 있었다.

선생님 밑에서 6년을 보낸 나에게도 하나님께서 나타나신 때가 있었다. 35세 3월 17일 오전 9시 5분이다. 나는 초의식 속에서 하나님의 말씀을 듣게 되었다.

단단무위자연성 斷斷無爲自然聲
즉심여구토성불 卽心如龜兎成佛
삼위부활영일체 三位復活靈一體
천원지방중용인 天圓地方中庸仁

나도 하나님의 아들임을 알게 되었다. 네 번이나 사경死境을 헤매던 몸도 다시 건강을 회복하게 되었다. 나알(지知) 알나(유癒). 건강한 정신과 건강한 육신을 갖게 되었다. 그 후 50년 한없이 행복한 시대가 계속된다. 기쁨(학이시습지學而時習之 불역열호不亦說乎)과 즐거움(유붕자원방래有朋自遠方來 불역낙호不亦樂乎)의 하루살이다. 시간제단時間際斷이요 공간충만空間充滿이다. 시간은 하루로 끊어지고, 마음은 말씀으로 가득 찬다. 오십 년 동안 허이불굴虛而不屈 동이유출動而遊出, 말을 전하는 것이 아니다. 기쁨을 전하는 것이다.

바울이, 내가 내 피로 관제를 드릴지라도 나는 기뻐하고 기뻐한다(빌 2:17)고 하듯이 복음은 기쁨이 되고 만다. 태초에 기쁨이 있었다. 기쁨이 육신이 되어 우리 가운데 거하니 우리가 그 영광을 보니 독생자의 영광이요, 은혜와 진리가 충만하다(요 1:14).

믿음이란 기쁨을 사는 것이다. 그러기 위해서는 건강한 정신과 건강한 육신(롬 8:11)을 가져야 한다. 건강한 정신은 시간제단이요, 건강한 육신은 공간충만이다. 하나님을 아는 것이 시간제단(고후 5:17)이요, 새로운 피조물이요, 그리스도를 아는 것이 공간충만이다. 내가 사는 것이 아니라 그리스도가 내 안에 산다(갈 2:20). 그리스도만 아니라 하나님도 성령도 내 안에 산다.

하나님의 도움으로 나는 우주관, 세계관, 인생관을 얻게 되었고, 그리스도의 도움으로 일식一食 일좌一坐 일인一仁 일언一言을 통하여 탐진치위貪瞋痴僞의 죄의 뿌리를 뽑아내게 되었다. 그리고 성령의 도움으로 『사색』 144호까지 끝내게 되었다. '빛 힘 숨(통일 독립 자유)' 을 살게 되는 것이 근본경험이다. 본질직관은 하나님을 아는 것이고, 근본경험은 그리스도를 아는 것이다. 그것이 영원한 생명에 들어가는 길이다.

양명은 차심광명此心光明 역부하언亦復何言이라 하고, 그리스도는 그때 의인들은 아버지나라에서 해와 같이 빛나리라(마 13:43)고 한다. 모두 영원한 생명을 노래한 것이다. 본질직관과 근본경험은 4차원의 핵심이다. 광속으로 달려야 본질직관이요, 시간공간이 곱해져야 근본경험이다. 우주 밖에서 일어나는 일들이 우리 마음속에서 일어나게 된다. 그것이 영원한 생명이다. 영원한 생명은 먼데 있는 것이 아니다. 내 안에 있다. 건강한 정신과 건강한 육신이다. 나알알나, 나를 알면(정신) 앓다 낫는다(육체). 하나님을 아는 것이 건강한 정신이요, 그리스도를 아는 것이 건강한 육체이다. 하나님을 아는 것이 본질직관이고, 그리스도를 아는 것이 근본경험이다. 내가 있어서 경험이 있는 것이 아니라 경험이 있어서 내가 있다는 것이다. 본질직관 근본경험 때문에 유영모도 있게 되고, 나도 있게 된다.

이 나는 욕심을 벗어나고, 죄를 벗어나고, 죽음을 벗어났기에 영원한 생명이라고 한다. 물론 육체가 안 죽는다는 것은 아니다. 육체는 시간제단이니 때가 되면 죽는다. 그러나 우리의 영체는 공간충만이니 생멸生滅을 벗어나서 적멸위락寂滅爲樂이다. 눈을 감았을 때는 세상이 지옥이었는데 눈을 뜨니(적멸) 세상이 천국이란 말이다. 진리를 깨달으니, 말씀이 육신이 되니, 진리를 체득하니, 기쁨이 충만하다는 것이다. 눈을 뜨니 천국이다. 눈을 감으면 지옥이다. 요한은 계시록을 쓸 만큼 눈뜬 사람이었던 것 같다.

요한복음에서, 하나님을 알고 그리스도를 안다(17:3), 빛이 있을 동안 빛을 믿어라, 그리하면 빛의 아들이 될 것이다(12:36), 나를 본 자는 아버지를 보았다(본질직관)(14:9), 나는 길이요 진리요 생명이다(근본경험)(14:6), 살리는 것은 영이니 내가 너희에게 이른 말이 영이요 생명이다(6:63), 내 살을 먹고 내 피를 마시는 자는 영원히 살리라(6:54)의 구절들은 모두 4차원의 세계다. 시간이 절단되고, 공간이 충만한 세계다.

기독교에서는 성만찬이 예수의 살을 먹고, 예수의 피를 마시는 것이라 생각하고 가톨릭에서는 미사를 드린다고 한다. 그러나 선禪에서는 일식일좌 고행을 통해서 진리를 깨달으려고 한다. 선에서는 일식일좌를 진리를 깨닫는 길로 생각한다. 기독교에서는 내 살과 내 피를 예수의 살과 피로 해석하여 십자가의 공로로 구원받는다고 생각하지만 선에서는 자기 살과 자기 피를 먹음으로 진리를 깨닫고 생명을 얻으려고 한다. 요는 살을 먹고 피를 마시는 것이 진리와 생명이란 말이다.

하나님은 영이시니 신령과 진리로 예배해야 한다고 한다(요 4:24). 예배는 하나님의 말씀(진리)을 깨달아서 나오는 기쁨을 전하는 것이고, 교인들은 기쁨을 받아 즐거움에 넘치는 것이 예배다. 그것이 신령과 진정으로 드리는 예배다. 신령은 기쁨이고, 진정은 즐거움이다. 성만찬도 떡 한 조각, 포도주 한 모금이 아니다. 기쁨(진리)과 즐거움(생명)의 충만이다. 이것이 하나님을 알고 그리스도를 아는 것이다.

하나님이 일하시니 나도 일한다(요 5:17). 기쁨을 전하는 것이 우리의 일이다. 태초에 기쁨이 계셨다(요 1:1). 기쁨이 육신이 되어 우리 가운데 계셨다(요 1:14). 기쁨의 독생자가 하나님의 기쁨을 나타내셨다(요 1:18). 요한복음은 기쁨의 복음이요, 특히 동양 사람이 알기 쉬운 복음이요, 기쁜 소식이다.

2010년 6월 1일

차 례

제4장 믿음

제5장 깨달음(견성 見性)

부록 1

부록 2

일러두기

1. 요한복음 강해 『빛 힘 숨: 십자가 부활 승천』은 5권의 책으로 나누어져 있으며, 21장 81절로 구성되어 있다. 21장은 요한복음의 21장이며, 81절은 81회의 강의를 말한다.

2. 이 요한복음 강해는 김흥호 선생님께서 1993년 3월 7일부터 1995년 6월 25일까지 이화여대 대학교회 연경반에서 매주 일요일 강의하신 것으로 총 2년 반, 다섯 학기 동안 81회에 걸쳐 강의하신 것이다. 학기 별로 나누어 책 5권으로 만들었다.

3. 책의 제목과 부제는 김흥호 선생님께서 지으셨고 표지의 제목도 직접 써 주셨다. 머리말 앞에 책 제목 "빛 힘 숨"에 대한 저자의 해설이 있다.

4. 연경반에서 김흥호 선생님의 성경강해는 동양고전을 먼저 한 시간 강의 하신 후에 약 10분 휴식을 갖고, 그다음에 시작되었다. 이때 하신 동양고전 강의는 왕양명의 『전습록』이었다.

5. 성경 강의는 먼저 찬송가를 부르고, 김흥호 선생님께서 기도를 하셨다. 그 기도문을 각 강의의 앞 페이지에 두었다. 끝날 때는 주기도문으로 마쳤는데 책에서는 생략하였다.

6. 당시 강의에서 성경 교재로는 고병려의 『요한 문학』(약주/신약성서 시리즈, 종울림 신학 총서 4, 서울: 종로서적, 1987)에 있는 요한복음 번역을 사용하셨다. 그러나 이 강의를 녹취 편집하는 과정에서 성경 교재를 생명의 말씀사의 『성경전서』(개역개정판 2001년 대한성서공회의 판본)로 대체하였다. 그러나 강의 중에 나온 고병려의 번역은 그대로 두었다. 그러한 부분들은 각주로써 표시하였다.

7. 이 글은 원래 강의한 것을 녹취하여 만든 원고로서 구어체 문장들로 이루어져 있다. 선생님께서 고유하게 쓰시는 어투나, 용어 등은 선생님의 말씀을 생생하게 느낄 수 있도록 되도록 고치지 않았다. 따라서 문장의 흐름에 따라 이해를 돕기 위해 쉼표를 예외적으로 많이 사용하게 되었다.

8. 성경을 비롯하여 경전의 제목에는 제목을 표시하는 꺾음 괄호 등을 사용하지 않았다.

9. 인물이나 저서에 관한 소개, 성경의 구절이 필요한 경우에는 편집자의 주로써 보충하였다.

10. 본서의 편집양식은 사색출판사에서 출간된 김흥호 선생님의 『주역강해』, 『화엄경 강해』 등의 양식을 따랐다.

11. 요한복음 강해의 녹음은 배태승 선생과 고 이충국 선생에 의한 것이다.

12. 요한복음 1장에서 15장까지의 녹취와 문장 정리는 고 이충국 선생이 하였고, 당시에 변정자 선생이 부분적으로 도와주었다.

13. 16장부터 21장까지의 녹음 테이프는 김희수 목사로부터 받아서 나머지 원고를 완성하게 되었다. 16장부터 21장까지의 녹취는 김종래 선생이 해주었다.

14. 전체 편집과 교열 및 각 장, 절의 제목을 지은 것은 이경희, 임우식 편집자가 했고, 인쇄 교정은 임경숙 선생이 도와주었다.

제 1 장

하나님, 예수 그리스도, 사람

기 도

저희들의 역사를 시작하시고
그 역사를 섭리해 주시는
아버지 하나님,
하나님께서 저희들을 이 땅에 내셨을 때
당신께서 생각하시는
특별한 의지가 계신 것으로 압니다.

하나님,
오랜 동안 이 반도에서 저희들을 길러 주셨사오니
우리가 한 번은 하나님 뜻에 맞는
참다운 인간이 되어서
온 세상 사람들 앞에서
올바른 역사를 한번 펴 보일 수 있는
그런 민족이 될 수 있도록 당신께서 도와주시옵소서.

저희들에게 새 하늘과 새 땅을 열어 주시고
저희들의 마음속에 새 마음을 넣어 주셔서
우리가 온 세계 앞에서
떳떳하고 참된 민족이 될 수 있도록
당신께서 더욱 사랑하여 주시옵소서.

우리가 오래 동안 서로 헤어져 있다가
이제 반갑게 만났사오니
우리 서로 마음을 다하여 당신 앞에서
참사람이 될 수 있도록 당신께서 도와주시옵소서.
예수님 이름 받들어 기도 드리옵나이다.
아멘.

1. 내가 크리스천이 되었다는 뜻

1993년 3월 7일

요한 1:1

태초에 말씀이 계시니라.
이 말씀이 하나님과 함께 계셨으니
이 말씀은 곧 하나님이시니라.

요한복음 1장 1절의 이 구절은 교회를 다니는 사람은 누구나 다 아는 아주 중요한 말씀이다. 신학교에서는 이 한마디를 가지고 한 학기 동안 강의하는 곳도 있다. 그래서 이 말씀은 성서에서도 가장 어려운 말씀 중의 하나로 알려져 있다.

왜 그런가 하면 공관복음이라고 하는 마태, 마가, 누가의 시대가 있었고, 그 시대를 이어서 로마서, 고린도서의 바울시대가 있었는데 이 공관복음과 로마서 등을 정리하고 종합하여 다시 나온 사상이 바로 이 요한복음이기 때문이다. 그러니까 성경의 역사로 보면 맨 마지막에 된 것이고, 사상적으로 보면 가장 원숙한 것이라고 볼 수 있다. 요한복음의 저자는 보통 예수님의 제자 가운데 하나인 요한이 쓴 것으로 되어 있으나 학문적으로는 요한이 쓴 것인지 아니면 그의 제자가 쓴 것인지 확실치 않다.

이렇게 저자에 관해서는 아직 확실하지 않지만 공관복음을 정正이라고 생각하고, 로마서를 반反이라고 생각할 때, 이 요한복음은 정正과 반反이 합合이 된 책으로 볼 수 있다. 그래서 사상적으로 가장 원숙하고 심오하기 때문에 대개 주석을 쓰는 사람들도 이 요한복음에 대해서는 특별히 깊고 넓게 주석을 쓰게 된다.

우리가 요전에 요한복음을 읽을 때는 『성서주해』라는 큰 책 속의 요한복음을 보았는데 이에 관해서는 안병무 선생[1]이 많은 설명을 했다. 이것을 읽어보는 것도 많은 참고가 될 것이다. 안병무 선생이 가르침을 받은 선생은 불트만[2]이라는 사람인데 이 분은 실존주의 신학자로서 『요한복음서 연구』라는 주석 책을 냈다. 우리나라에도 이화여대 기독교학과의 허혁 선생이 번역하여 출판되어 있으니 참고하는 것도 좋겠다.

1. 안병무安炳茂(1922~1996), 『옳은 민족 옳은 역사』, 『구걸하는 초월자: 성서와 설교』 등의 저서들이 있음.
2. Rudolf Karl Bultmann(1884~1976), 『요한서신/목회서신』, 『역사와 종말론』 등의 저서가 있음.

특별히 이 요한복음은 동양 사람들을 위해서 써진 복음이라는 말을 많이 하는데, 마태복음은 유대 사람, 마가복음은 희랍 사람, 누가복음은 로마 사람, 그리고 이 요한복음은 동양 사람을 위해 써진 것이라고 한다. 그래서 이 요한복음은 특히 동양 사람들이 읽고 이해하기가 쉬운 책이라 할 수 있다. 그리고 루터 같은 사람도 성서가 다 없어진다 해도 로마서와 요한복음서만 있으면 얼마든지 성서를 다시 회복할 수 있다고 말할 만큼 로마서와 요한복음이 중요하다고 할 수 있다. 서양 사람들은 로마서를 공부하기 쉽고, 동양 사람들은 요한복음을 공부하는 것이 쉽다. 물론 복잡하고 어렵게 전문적으로 공부해 나갈 수도 있겠지만 우리 교회에서는 대충의 뜻이 무엇인지 이해할 수 있는 정도로 공부하는 것이 좋겠다.

나는 이 요한복음 1장 1절을 어떻게 생각하나에 대해 말하려고 하는데, 이 책[3]에 나오는 주석은 여러분들께서 한번 읽어보고 그 내용에 대해 깊이 생각해보는 것이 좋을 것 같다.

이 요한복음 1장 1절은 성서의 핵심이자 기독교의 핵심이라고 할 수 있다. 동양의 경전을 보더라도 논어나 대학, 중용 같은 경전의 맨 처음에 나오는 1장 1절이 가장 중요한 말이다. 마찬가지로 요한복음의 맨 처음인 1장 1절도 동양 경전과 같이

3. 고병려, 『요한 문학』 약주/신약성서 시리즈 종울림총서 4, 서울: 종로서적, 1987.

가장 중요한 의미를 갖고 있다.

나는 어떻게 생각하는가 하면 “태초에 말씀이 계셨다”라는 말을 ‘태초에 계란이 하나 있었다’라고 말하고자 한다. 그리고 그 “말씀은” 즉 ‘계란은’으로, 또 “하나님과 함께 계셨다”란 말은 ‘어미닭과 함께 계셨다’라는 말로 생각해보기로 한다. 그러니까 ‘계란을 어미닭이 품고 있다’는 말이다.

그리고 “말씀이 곧 하나님이셨다”란 말은, 계란이 곧 병아리가 되었다, 예수라는 계란이 곧 그리스도라는 병아리가 되었다란 말이다. 나는 이것이 기독교의 가장 핵심적인 것을 나타내는 것이라고 생각한다.

이것을 동양에서는 깨달았다라고 말하는데, 각覺이란 말이 바로 계란이 병아리가 되었다는 말이다. 그런데 기독교에서는 각覺이라는 말을 쓰지 않고 중생重生이란 말을 쓴다.

요한복음 3장 7절에 보면 “거듭 나야 한다”는 말이 나오는데 계란적인 삶이 바뀌어 병아리가 되었다는 말이다. 이것이 고린도후서 5장 17절에 보면 “누구든지 그리스도 안에 있으면” 다시 말해 어미닭 품에 있으면 “새로운 피조물이라” 병아리가 되는 것이다. “이전 것은 지나갔으니 보라, 새것이 되었도다”란 말은 계란이 바뀌어 새롭게 병아리로 태어나는 것이다. 이것이 바울이 말하는 기독교의 핵심이다.

기독교란 결국은 옛것이 지나가고 새것이 되는 것이다. 우리가 '새 한국'이란 말을 자주 쓰는데 새것이 되는 것은 이러한 변화 없이는 새것이라고 할 수 없다.

유교에서는 이것을 기질지성氣質之性(계란)으로부터 천지지성天地之性(병아리)으로 변했다고 말한다. 어떻게 기질지성으로부터 천지지성으로 변하느냐가 곧 주자학朱子學의 핵심이다. 그래서 이것을 성리학性理學이라고 말한다. 이 성性을 어떻게 기질지성에서 천지지성으로 바꾸느냐가 곧 성리학이다. 천지지성으로 바꾸어지면 그것이 성聖이다.

기독교에서는 이것을 거듭 난다, 회개한다 등 여러 가지 말을 쓰는데, 과거적인 내가 죽어 없어지고, 새로운 나로 다시 태어나는 것이다. 다시 말해 '소아적小我的인 나'가 죽고 '대아적大我的인 나'로 변하는 것이다. 한 번은 나의 인생이 뒤집혀지는 것이다.

그래서 기독교에서는 어거스틴이란 사람이 컨버젼(Conversion)이란 말을 써서, 회심回心이란 말로 쓰기도 한다. 성性이란 말 대신 심心을 쓰면 과거의 마음이 바뀌어서 새로운 마음으로 되었다는 말이다. 그래서 어거스틴은 『고백Confessions』이라는 글을 통해, 전에는 이러 이러한 마음으로 살았었는데 지금은 새롭게 바뀐 마음으로 산다는, 자신의 심정을 토로하게 된다. 바뀌어진 내용을 말하는 것이 『고백』의 내용이다.[4] 그러니까

4. Aurelius Augustinus(354~430). 김흥호, 『인물 중심의 철학사(합리론 편): 서양철학 우리 심성으로 읽기 4』, "어거스틴" pp. 164~87, 서울: 도서출판 사색, 2006 참조.

이러한 변화가 인간에 있어서는 가장 소중한 것이라고 볼 수 있다. 더 쉽게 말하자면 자연인自然人이 변해서 자유인自由人이 되는 것이다.

칸트는 이데아(Idea)라고 하여 하나님(신神), 영생永生, 자유自由, 이 세 가지가 인간이 찾고자 하는 최고의 이념이라 했다. 여기서 자유라는 말은, 계란이 병아리가 되었다는 말이다. 병아리가 되기 전에는 자유라는 것이 없다. 계란 속에 갇혀 있는 상태, 그것을 불교에서는 속박이라고 말하고 기독교에서는 죄라고 한다. 계란에서 벗어나는 것을 동양에서는 해탈이라고 하고 서양 사람들은 자유라고 하는 것이다. 어미닭하고 같이 있다는 말을 칸트는 영생이라 하고, 어미닭은 신神이 되는 것이다. 이것을 기독교로 말할 때는 "태초에 말씀이 계시니라. 이 말씀이 하나님과 함께 계셨으니, 이 말씀은 곧 하나님이시니라"가 되는 것이다.

여기서 "말씀"이라는 말은 예수를 말하고, "하나님과 함께 계신다"는 말은 임마누엘을 말하고, "말씀이 곧 하나님"이란 말은, 예수가 곧 그리스도가 되었다는 말이다. 예수 그리스도이다. 예수가 그리스도로 바뀐 것이다. 이것은 예수에 관해서 하는 말이다.

그런데 누구나 다 마찬가지다. 바울 그러면, 태초에 바울이 있으니, 바울이 하나님과 같이 있으니, 바울의 본명은 사울이었는데, 사울이 곧 바울이 되는 것이다. 여기서 "곧"이란 말이 결국은 변화했다는 말이다. 기독교로 말하면 변화했다는 말이다. 사울이 변화해서, 사울이란 사람은 예수 믿는 사람들을 잡아 가두려고 쫓아다니던 사람인데, 이 사람이 변해 가지고 예수를 위해서 생명을 바치는 그런 사람으로 바뀌게 되었다는 말이다.

모든 것을 이런 식으로 생각할 수 있다. 이러한 패턴은 우리의 생활 속에 어디에나 다 적용될 수 있는 일이라고 생각된다. 운동하거나, 공부하거나, 그림을 그리거나, 음악을 하거나 어디에서든 이러한 것은 마찬가지라고 생각된다. 자유로운 경지에까지 도달할 수 있는 것이다. 피아노를 조금도 못 치던 사람이 선생을 만나 피아노를 자유자재로 칠 수 있는 그런 사람이 될 수 있는 것이다.

그런데 여기에서 반드시 필요한 것이 무엇인가 하면 임마누엘이다. 하나님과 같이 있어야 하는 것이다. 하나님과 같이 있지 않으면 영생이라고 할 수가 없다. 하나님과 같이 있지 않으면 절대 될 수가 없는 것이다. 하나님과 같이 있다는 말을 동양에서는 우파니샤드(Upanishad)라고 하는데 이 말은 "선생님의 무릎 밑에 앉아서"라는 뜻이다. 임마누엘이란 말이 인도에서는 우파니샤드란 말이 되는 것이다. 이 길 밖에는 없다. "선생님의 무릎 밑에 앉아서"가 가장 중요하다. 이것 없이는 병아리가 될 수 없다.

이 요한복음 1장 1절을 또 내 식으로 다르게 표현해 본다면 "나무땜, 불사름, 내가남"이라고 할 수 있다. "나무땜"은 아궁이 속에 나무를 땐다는 말이다. "불사름"은 그렇게 하여 불이 펄펄 붙게 되었다는 말이다. "내가남"은 굴뚝에서 연기가 모락모락 난다는 말이다. 나무가 변해서 불이 되고, 불이 변해서 연기가 되는 과정을 말한 것이다.

여기서 "나무땜"이란 유영모柳永模[5]라는 나무가 나에게 불을 때어준 것이란 말이다. 나는 유영모라는 사람을 보혜사라고 생각한다. 그 사람이 우리 기독교로 말하면 성령聖靈을 받은 사람이라고 생각한다. 그래서 다른 사람을 도와줄 수 있는 사람이라고 믿고 있다. 소크라테스 식으로 말하면 산파라는 말이다. 우리가 그리스도 안에서 새롭게는 되지만 그러나 산파가 필요하다. 도와주는 사람이 필요하다는 말이다. 나에게 있어서는 유영모란 사람이 도와주었다는 말이다.

물론 내가 유영모를 만나기 전에도 많은 분들의 도움을 받았다. 한국에서 많은 교회 목사님들의 설교를 들었고 일본에 갔을 때도 무교회주의자인 내촌內村[6]의 제자들 중, 총본塚本이란 사람에게 직접 배울 수 있는 기회도 갖게 되었다. 이렇게 많은 과정을 겪고서도 나에게 마지막까지 해결하지 못한 문제가 남아 있었는데 그것이 무엇인가 하면 십자가와 부활이란 두 가지

5. 다석多夕 유영모柳永模(1890~1981).
6. 우치무라 간조(内村鑑三)(1861~1930), 『内村鑑三全集』외 다수의 저술이 한국어로 번역 출간이 되어 있음.

문제였다.

만일 여기다 하나 더 더하면 승천昇天이란 문제다. 이 십자가와 부활이란 그때 말로 하자면 속죄라는 것으로 나의 죄가 때워서 없어진다는 뜻인데 이 말은 아까 말한 껍질에서 벗어난다는 말이다. 그런데 이 껍질에서 벗어날 수가 없었다.

또 부활이란 그때 말로 하자면 구령救靈이란 말로 영혼을 구원한다는 뜻인데 결국은 병아리가 된다는 말이다. 그러니까 '속죄 구령'이란 말은 껍질을 벗고 병아리가 된다는 말이다. 그래서 십자가라는 것을 통해서 병아리가 되어야 하는 것이다. 그렇게 되어야 자유가 된다. 그다음에 날개가 나와서 자라게 되면 승천이 된다. 하늘을 날아 올라갈 수 있는 것이다.

그런데 일본에서 그 사람들을 쫓아다니며 해결하려고 해도 이 문제를 풀 수 없었고, 한국에 돌아와서도 목사님들을 많이 쫓아다니며 부흥회도 참석하고 산기도도 다녀 보았지만 도저히 풀 수 없는 문제였다.

그러다가 언제 이 문제가 풀리게 되었나 하면 "나무땜"으로 풀리게 되었다. 물론 여기서 나무란 십자가의 나무를 말하기도 하지만 나에게 있어서는 유영모라는 나무이다. 유영모라는 나무를 자꾸 땜으로써 결국 십자가란 문제를 해결하게 되는 것이다. 속죄라고 하는 문제가 해결된 것이다.

그리고 그다음에는 내 속에 "불사름"이 되었다. 불이 살아나게 된 것이다. 내 속의 정신이 살아난 것이다. 내 속의 속사람이 살아나게 된 것이다. 그래서 부활 문제도 해결이 되었다.

그리고는 내가 남이 되었다. 나하고 남하고를 같이 생각하게 된 것이다. 내가 남이다. 나하고 남하고가 따로 있는 것이 아니다. 내가 남이고, 남이 나이다. 기독교로 말하면 "나무땜"이란 하나님을 사랑한다는 말이고, "내가남"이란 이웃을 사랑한다는 말이고, "불사름"이란 나를 사랑한다는 말이다. 그래서 나는 "나무땜" 선생님 때문에, "불사름" 내 정신이 깨게 된 것이다. 그래서 "내가남" 내가 나오게 되었다라고 해석할 수도 있다. 또 "내가남"을, 내가 남을 비로소 생각하게 되었다는 뜻도 된다. 그 이전에는 남을 남으로만 생각했는데 그 후부터는 남이라는 것이 얼마나 소중한 것인지 깨닫게 된 것이다. 그래서 나의 완성이 남이다. 모든 사람이 다 나의 완성이다, 라는 생각을 갖게 되었다.

불교식으로 말하면 나는 미성불未成佛이고, 남은 다 기성불旣成佛이다. 그렇게 되면 모든 사람을 다 존경해야겠다는 생각을 갖게 되는 것이다. 모든 사람이 다 나의 선생님이라는 생각을 하게 되었다.

그래서 "나무땜, 불사름, 내가남"으로 요한복음 1장 1절을 내 식으로 해석하게 되었다. "태초에 말씀이 계시니라"를 나는 순서를 바꾸어서 "나무땜"이라고 하여 "하나님이 계셨다" 혹은 "그리스도가 계셨다" 혹은 "선생님이 계셨다"라 하고, 그리고 "불사름"이다. 그 밑에 내가 들어가서 결국은 우파니샤드가 되었다. 그런데 나는 이 "불사름"에 몇 년이 걸렸나 하면 6년이 걸렸다. 계란은 어미닭 품에서 21일이 걸려야 병아리가 되어 "내가남"이 되는데, 나는 6년이 걸려서 "내가남"이 되었다.

내가 유영모 선생님을 만난 것이 29살이었는데 그때부터 열심히 선생님의 말씀을 듣게 되었고, 그동안에도 언제나 내가 가지고 있는 문제는 십자가와 부활이었다. 십자가라는 것이 나와 무슨 상관이 있는가. 2천 년 전의 십자가와 나는 무슨 상관이 있는가. 예수가 부활했다는 것, 그것이 현대인으로서 생각할 수 있는 것인가. 이 두 가지가 언제나 나에게는 정말 문제 거리였다. 그래서 이 문제를 어떻게 해결할 수 있을까가 항상 고민이었는데, 유영모 선생님이라면 해결해줄 수 있을 것이라는 마음이 들었다.

그래서 6년 동안 선생님을 열심히 쫓아다니게 되는데, 그 6년 동안을 매주 금요일 오후 2시부터 4시까지 성경공부를 배우게 되었고, 때로는 목요일에도 모임을 갖기도 하고, 댁에서도 한 주일에 한 번씩 배움의 시간을 가질 때도 있었다. 선생님을 쫓아다닌 지 3년이 지날 때 즈음해서야 조금 선생님 말씀이 느껴지기 시작했다. 그리고 6년이 되어서야 선생님 말씀이 풀리기 시작했다. 모든 말씀이 이해되기 시작한 것이다. 계란이 병아리가 되어 눈이 뜨기 시작한 것이다.

그래서 여러분께 몇 번인가 말한 바대로 내가 35살 되는 해 3월 17일 오전 9시 5분에 계란에서부터 깨어 나오게 된다. 이런 것을 우리가 시간성이라고 한다. 요즘 현대철학에서 말하는 시간성이다. 또 근원적 시간이라고 하기도 한다. 그 시간을 계기로 해서 나의 삶이 새로운 삶으로 바뀌게 되는 것이다. 그러니까 내가 35살 되는 3월 17일 오전 9시 5분에 '계시를 받았다' 라고 말할 수도 있다. 그때 받은 계시라는 것이,

> 단단무위자연성 斷斷無爲自然聲
> 즉심여구토성불 卽心如龜兎成佛
> 삼위부활영일체 三位復活靈一體
> 천원지방중용인 天圓地方中庸仁

이다. 내가 그때 아무 생각 없이 있는데 자꾸 머리가 아파서 머리 아픈 것을 식히기 위해 연필을 들고 낙서를 하려다가 나도 모르게 쓰게 된 글이 바로 "단단무위자연성 즉심여구토성불 삼위부활영일체 천원지방중용인"이다.

그러니까 쓰기는 내가 썼는데 내가 쓴 것이 아니다. 그래서 이것은 하늘에서 내려온 계시라고 해서 유영모 선생께서 나에게 내려준 호가 현재鉉齋이다. 이 속에 들어 있는 현시玄示라는 말이 바로 "네가 쓰긴 썼지만 네가 쓴 것이 아니다"라는 계시의 뜻이다. 그때 나는 이것이 계시라는 뜻이라는 것을 처음 알

게 되었다. 그다음부터 "내가남"이 되게 되는 것이다. 내가 다른 나가 되고 마는 것이다.

그래서 나는 "나무땜, 불사름, 내가남"이란 글을 지은 것이다. "나무땜"의 '나무'라는 뜻은 믿음이란 뜻도 들어있다. 신앙, 귀의라는 뜻도 있다. 내가 말하는 '나무'에는 십자가도 들어있고, 유영모도 들어있고, 하나님도 들어있고, 그리스도도 들어있고, 다 들어가 있다고 할 수 있다. 그 덕택에 하나님의 은혜로 "불사름"이다. 내 속에 변화를 일으키게 되었다는 말이다. 차츰차츰 내 속에 나무가 불로 변해가기 시작했다는 말이다.

그래서 '나－계란'이, '남－병아리'가 되고 말았다. 그것이 "나무땜, 불사름, 내가남"의 뜻이다. 나는 요한복음 1장 1절 속에서 내 모습을 보게 된 것이다. 요한복음 1장 1절이 바로 이런 것이구나 하고 내 식으로 생각하게 된 것이다. 그러니까 "태초에 말씀이 있었다"가 "계란이 있었다"란 말이 아니겠는가. 또 다르게 말하자면 "태초에 내가 있었다"란 말이 아니겠는가. 그리고 내가 하나님과 함께 있었다. 그래서 "내가 크리스천이 되었다"라는 말이 아니겠는가라고 생각하게 되었다.

그래서 나는 성경말씀을 언제나 "이것은 내 말이다"라고 생각한다. "나를 위해 한 말이요, 동시에 내 말이다"라고 생각할 때 성경말씀이 제대로 자기 것이 되었다고 말할 수 있을 것이다.

기 도

주님의 높으신 영광을
저희들도 진심으로
찬양할 수 있도록 도와주시고
주님의 한없이 높은 진리를
언제나 사모하면서 살아가는
저희들이 될 수 있도록
인도하여 주시옵소서.

비록 아무리 짧은 시간이라도
허송하는 일 없이
언제나 시간을 아껴서
당신 앞에서 열심히 사는
저희들이 될 수 있도록 도와주시옵소서.

이 시간도 당신께서 함께 해주셔서
저희들의 어둡고 불안한 마음을 일깨워 주시고
빛을 밝혀 주시옵기를 바라오며
예수님의 이름 받들어 기도하옵나이다.
아멘.

2. 하나님의 아들, 그리스도

1993년 3월 14일

요한 1:1~5

태초에 말씀이 계시니라.
이 말씀이 하나님과 함께 계셨으니
이 말씀은 곧 하나님이시니라.
그가 태초에 하나님과 함께 계셨고
만물이 그로 말미암아 지은 바 되었으니
지은 것이 하나도 그가 없이는 된 것이 없느니라.
그 안에 생명이 있었으니 이 생명은 사람들의 빛이라.
빛이 어둠에 비치되 어둠이 깨닫지 못하더라.

요한복음에 대한 목적이 이 책 64페이지,[1] 요한복음 20장 30절에 나와 있는데 이것을 보면 "예수께서는 다른 표적을 제자들 앞에서 많이 행하시었다. 여기 기록된 것은 예수께서 하나

1. 고병려(1987), p. 64

님의 아들, 그리스도이심을 당신들이 믿게 하기 위하여, 믿고서 그의 이름으로 영원한 생명을 얻게 하기 위하여 쓰여져 있다" 라 되어 있다.

이 요한복음이 써진 것은 예수께서 하나님의 아들, 그리스도이심을 가르쳐 주기 위해서 썼다는 말이다. 그래서 예수가 하나님 아들이라는 것을 알면, 우리는 그를 통해서 영원한 생명을 얻을 수 있게 된다는 것이다. 이것이 목적이다.

그러니까 쉽게 말하자면 진리를 깨닫고 생명을 얻기 위해서이다. 진리를 깨닫는다는 말은 무슨 뜻인가 하면, 하나님의 아들이 무엇인지 아는 것이다. 또 생명을 얻는다는 말은 영원한 생명을 얻는 것을 말하는 것이다.

우리가 이 요한복음을 읽는 것은, 하나님의 아들이 무엇인가 알기 위해서이다. 또 철학적으로 말하면, 인생이란 것이 무엇인가를 알기 위해서이다. 인생이 무엇인가를 안다는 것이, 바로 하나님의 아들이 무엇인가를 안다는 것이다. 인생의 대표자가 예수 그리스도이다. 예수가 무엇인지 알면 인생을 알게 되는 것이다. 그래서 우리가 이 요한복음을 공부하는 것이다.

"태초에 말씀"이란 말이 하나님의 아들이다. 그러니까 하나님의 아들이 무엇인가에 대해 아는 것이다. 1장 1절에 나오는 말은 하나님의 아들하고 하나님이 어떤 관계에 있나를 말해 놓은 것이다.

그리고 2절하고 3절은, 하나님의 아들하고 자연과는 어떤 관계에 있나를 말해 놓은 것이다. 우주만물이라고 해도 좋고, 자연이라고 해도 좋다. 4절하고 5절은, 하나님의 아들하고 사람하고는, 다시 말해 인생하고는 어떤 관계에 있나를 말해 놓은 것이다. 그러니까 신神과 자연自然, 인간人間과의 관계를 말해 놓은 것이다.

1절은 신하고의 관계다. "맨 처음(태초)"이란 말은, 주해에도 나오듯이, 시간을 초월한 세계이다. 우리가 형이상形而上이라고도 하는데 시간을 초월한 세계이다. 시간의 처음이 아니라, 시간 이전以前의 세계를 맨 처음이라고 하는 것이다. "하나님과 함께 계셨다"라는 말은 공간을 초월한 세계다. "말씀이 곧 하나님이셨다"라는 말은 인간을 초월한 세계이다.

이 세 마디 중에 시간을 초월했다는 말은 선재先在라는 말로 쓰기도 하는데, 시간 이전의 세계란 말이다. 요한복음 8장 58절과 골로새 1장 15절, 그리고 요한복음 17장 5절에 보면 선재라고 하는 말의 뜻이 나오는데, 창세전부터 있었다든가, 아브라함이 존재하기 이전부터 있었다든가, 모든 창조물보다 먼저 나신 자라는 말이 나오는데, 이것을 선재설先在說이라고 한다.

여기 나오는 1절에서 5절까지의 3가지를 가지고서 철학을 만든 사람이 헤겔이다. '말씀'이 로고스(Logos)의 논리학이고, 그다음이 '자연철학'이고, 마지막이 '정신철학'이다. 이것이 소위 헤겔의 철학이다. 그러니까 요한복음 1장 1절에서 5절까지를 철학화 한 것이 헤겔의 철학이라고 생각하면 된다.

여기서 내가 말했듯이 1장 1절은 로고스와 하나님과의 관계, 2절과 3절은 자연과의 관계, 4절과 5절은 사람과의 관계를 먼저 생각해 볼 수 있다. 그다음에는 선재라는 것을 하나 알고 지나가야 한다.

그리고 "하나님과 함께 있었다"라는 말은 하나님과 아주 가까웠다는 뜻으로, 내가 요전에 "계란이 어미닭 품안에 있었다"라는 비유로 말한 바도 있는데, 그러나 하나님하고는 다른 인격이다, 라는 것이다. 그러니까 하나님도 하나의 인격이고, 말씀도 하나의 인격이지만, 다른 인격이다. 그래서 이것을 보통 인격성人格性이라고 한다. 여기에 대해서는 요한복음 5장 19절과 14장 10절에 보면 하나님과 같이 있으면서도 하나님과 대립할 수 있는 하나의 인격이다, 라는 것이 나와 있다. 그리고 "말씀이 하나님이다"라 할 때도 하나님과 같은 인격을 말하는 것이 아니라 주석에도 나온 것처럼 하나님 앞에 관사가 없으므로, 신神의 본성, 즉 신성神性을 말하는 것이다. 그래서 이 신성에 대해서는 요한복음 20장 28절, 14장 9절 그리고 17장 21절에 보면 나와 있는데, 도마의 "나의 주主이시며 나의 하나님이시다", "나를 본 자는 아버지를 보았다", "아버지께서 내 안에, 내가 아버지 안에"라는 말들이 다 신성을 나타내는 말들이다.

그런데 이 신성이라는 문제 때문에 니케아 종교회의에서 예수가 신인가, 사람인가 하는 것이 큰 문제가 되었다. 이때 아타나시우스라는 사람은 "예수가 신神이다"라고 주장하고, 아리우스라는 사람은 "예수는 사람이다" 하고 주장하는 논쟁이 벌어지게 되는데 결국은 '호모우시오스(homoousios)'라는 예수의 본질과 신의 본질이 일치한다는 신성神性이라는 결론에 도달하게 된다. 그래서 아타나시우스가 이기게 되는데 이때 아타나시우스가 인용한 말이 곧 "말씀이 하나님이시다"라는 말이다.

이렇게 종교사적으로 보면 이 요한복음 1장 1절에 대한 논쟁이 많이 일어나게 되는데 결국은 아버지하고 아들의 관계이니까, 아버지도 하나의 인격이고 아들도 하나의 인격이면서 동시에 아버지를 가장 많이 닮은 것이 아들이다 하고 생각할 수 있다. 그래서 이것을 형상形相이라 하여 하나님의 형상대로 지음을 받았다는 말이 나온다. 그러니까 계란하고 닭하고는 같지 않다. 그러나 병아리하고 닭하고는 같다. 같은 형상이란 말이다. 그래서 예수의 본질과 신의 본질이 일치한다는 말은 같은 형상이라는 말이다.

고린도후서 4장 4절에 보면 "그리스도는 하나님의 형상이니라"는 말이 나온다. 그래서 본질이 같다는 말은 다른 말로 하면 형상이 같다는 말이다. 아들이 아버지를 꼭 닮았다는 말이다. "말씀이 하나님이시다"라는 말이 바로 그러한 뜻이다.

그러나 아버지하고 아들하고는 엄연히 구별된다. 하나의 절대적인 인격의 차이는 있는 것이다. 그래서 이러한 인격성하고 신성이 기독교의 중요한 의미를 갖게 되는 것이다.

그다음의 문제가 자연과의 관계이다. 사실 로고스란 말이 들어있는 1장 1절은 유대인들의 사상에서 나온 말이지만, 로고스란 말을 처음 만들어낸 사람은 희랍 사람인 헤라클리투스였다. 이 헤라클리투스는 만물유전설萬物流轉說을 주장한 사람이다. 초기 희랍철학자들이 우주는 무엇으로 되어 있나라고 말할 때, 탈레스는 '물'이라고 하여 우주는 물에서 나왔다고 했고 헤라클리투스는 '불'이라고 한 것이 유명한 말이다.

그런데 이 헤라클리투스는 무엇을 로고스라고 했나 하면, 물(수水)은 흘러간다(거去). 그러나 물이 흘러간다고 하는 사실(법法)은 혹은 법칙은 흘러가지 않는다고 했으며 이것을 로고스라고 했다. 그러니까 법이란 물을 흘러가게 하는 한층 높은 존재다. 존재자를 존재하게 하는 한층 높은 존재가 법이다. 물을 물이게 하는 소이연지리所以然之理가 법이란 말이다. 물은 자꾸 흘러가는데 그것을 변變이라 한다면, 물이 흘러간다고 하는 사실은 흘러가지 않으며 그것을 불변不變이라고 할 수 있다.

그러니까 흘러간다는 것(변變) 속에는 흘러가지 않는다는 불변의 법칙이 있는 것이다. 그것이 로고스이다. 여기에서 이성理性이란 말이 나오게 된다. 이 로고스라는 것이 플라톤에 오면 이데아(Idea)가 된다. 또 스토아철학에 오면 진리의 불꽃을 말하게 된다. 소위 모든 우주만물 속에 이러한 진리의 불꽃이 있다는 것이다. 이것이 다시 필로(Philo)라고 하는 유대 사람에게 오면 구약에 나오는 '지혜'라는 뜻으로 나타나게 된다.

그래서 이 요한복음 1장 1절은 필로(Philo)의 말이라고 대개 주석서에는 말하고 있다. 이것이 곧 지혜라는 말이다. 구약의 지혜는 인격화된 지혜를 말한다. 말씀은 지혜가 되고, 말씀이 인격화하여 육신이 된 것이 그리스도다. 이러한 뜻을 갖고 요한복음 1장 1절에서 3절까지를 읽어보면, 맨 처음(태초)부터 말씀 즉 지혜인 그리스도가 있었으니, 그 말씀인 그리스도는 하나님과 함께 계셨고, 그 그리스도는 하나님과 동질이었다, 라는 말이 된다.

다시 말해서 하나님의 형상이었다. 이 말씀인 그리스도가 처음부터 아들로서 아버지 하나님과 함께 계시어 우주창조에 동참하셔서 삼라만상과 자연 만물이 그의 지혜와 능력을 통하여 지음을 받았고 지어진 피조물 가운데 그의 섭리를 떠나 법칙에 어긋나는 자연은 하나도 있을 리가 없다는 말이 된다.

우리가 자연을 말할 때 자연법칙이라는 말을 하는데 자연이란 말에서 연然은 불탈 연燃 자와 같은 말이 된다. 그러니까 자연이란 불이 붙고 있는 곳이란 말이다. 그런데 불이 붙고 있다는 법칙은 변하지 않는다. 그래서 이 변과 불변의 일치, 그것이

"말씀이 곧 하나님이다"의 뜻과 같다고 할 수 있다.

변 즉 불변이다. 이런 것을 불교에서는 색즉시공色卽是空이라고 한다. 그러니까 변해야 불변하는 것이지, 변하지 않으면 없어지고 마는 것이다.

사람이란 것은 매일 신진대사가 되어 자꾸 변화하니까 살아있는 것이지 변화가 없어지면 죽고 마는 것이다. 그것이 양명陽明이 말한 식유양息有養 순유존瞬有存이다. 자꾸 변해야 한다는 말이 "나는 생각한다"는 말이고 그래야 살아있는 것이다. 그리고 '살아있다'란 말이 "고로 나는 존재한다"는 말로서, 보통 우리가 '사유思惟와 존재存在의 일치'라는 말을 쓰는데 파르메니데스라는 사람이 한 말이다. 이러한 표현 방법을 "말씀이 곧 하나님이다"라고 하는 것에 쓴 것이라고 할 수 있다. 이러한 것은 벌써 기원전 5세기에 나온 말들이다.

그러니까 자꾸 변해야 존재하지 변함이 없으면 존재할 수가 없다. 어린이가 청년이 되고, 청년이 장년이 되고, 장년이 노년이 되는 것도 자꾸 변해야 존재할 수 있는 것이고, 어린이때도 '나'이고, 청년이 되어도 '나'이고, 노년이 되어도 '나'이지, 그러한 변화가 없으면 '나'란 벌써 없어지고 마는 것이다. 다시 말해서 '나'란 것은 있을 수가 없는 것이다. 이것을 장자莊子는 말하기를 능변여상能變如常이라고 했다. 제물론齊物論에 나오는 말이다. 자꾸 변해야 그대로 있지 변화가 없으면 존재할 수가 없는 것이다.

이것을 제일 쉽게 이해할 수 있는 것이 팽이 돌리기에서 알 수 있다. 팽이는 자꾸 돌아야 서있지 돌아가지 않으면 쓰러진다. 헬리콥터도 마찬가지다. 프로펠러가 자꾸 돌아가야 떠있지 돌아가지 않으면 떨어지고 만다.

새 가운데 제일 작다는 벌새라고 하는 이 새는 꽃 속에 있는 꿀을 빨아먹고 사는데, 이 새가 꽃 위에서 꿀을 빨아먹을 때는 날개 짓을 1초 동안에 60번을 한다고 한다. 날개를 60번 움직이면 새가 움직이지 않는 상태로 머물 수 있고, 그러한 상태에서 꿀을 빨아 먹는다고 한다. 그래서 다른 말로 헬리콥터 새라는 말도 한다. 그러니까 자꾸 돌아가야 그대로 있을 수 있지 돌아가지 않으면 떨어지고 마는 것이다. 그래서 이 로고스라는 말이 그런 말에서 나오게 된다. 이 우주만물은 자꾸 돌아가는데, 자꾸 변하는데, 그렇기 때문에 이 우주만물이 그대로 있을 수 있는 것이다. 변화하지 않는다면 이 우주만물도 존재할 수 없는 것이다.

전에 우리가 생물시간에 배운 것에 의하면 사람의 몸도 7년이면 다 새로운 것으로 변한다고 한다. 뼈부터 머리카락까지 다 새로운 것으로 바뀌는 것이다. 우리는 그것을 느끼지 못하지만 우리의 몸도 끊임없이 변하고 있는 것이다. 그것을 신진대사라고 하는데 그러한 신진대사가 되니까 내가 존재하는 것이지 신진대사가 되지 않는다면 없어지고 마는 것이다. 그래서 변에서 불변이 있게 된다.

이런 것을 요새는 현상학現象學이라고 한다. 그러니까 변 밖에서 불변을 찾는 것이 아니다. 변 속에서 불변을 찾는 것이다. 헤겔로 말하면 유한有限 밖에서 무한無限을 찾는 것이 아니라, 유한 속에서 무한을 찾는 것이다. 그것이 변증법이라는 것이다. 헤겔의 변증법이라는 것이 바로 그것이다. 이러한 사상들은 모두 범신론적 사상이라 할 수 있다. 희랍철학이나 헤겔철학이나 스피노자의 윤리학이나 인도철학이나 불교철학이 다 범신론에 속한다. 자연 즉 신이요, 말씀이 곧 하나님이다.

특히 노자老子의 로고스는 도道란 글자로 표시된다. 말씀(로고스)이 곧 도이다. 도란 형이상이다. 형이상은 여러 가지로 설명되는데 무無, 일一, 이二 등으로, 무는 절대무絶對無, 일一도 절대일絶對一, 이二도 절대이絶對二이다. 이것이 또한 우주, 태극, 음양이다. 인간의 이성을 넘어서는 알 수 없는 신비한 존재들이다. 도는 현지우현玄之又玄이다.

노자는 어머니를 무의 상징으로 쓴다. 사람들은 '깨끗'을 물이나 어머니에서 찾지만 '깨끗'은 물이나 어머니에 있는 것이 아니고, 기저귀나 어린애가 '깨끗'이다. 어머니는 대속주代贖主가 되어 물과 어머니는 더러워지고, 깨끗하게 구원 받는 것은 기저귀나 어린애일 뿐이다. 나(진아眞我)도 마찬가지다. 어머니가 진아인 줄 알고 어머니 속에서 진아를 찾지만 어머니는 무아가 되어 '나' 가 없고 대아大我만 남아 '나' 로 빛나는 것은 아들이요 만물들뿐이다. 이런 것을 노자익老子翼이라는 글에서 보면,

지모청정이知慕清淨而 부지무구지비정不知無垢之非淨
지유진아이知有眞我而 부지무물지비아不知無物之非我

라는 말이 나온다. 이 말의 뜻은, 깨끗한 것을 사모할 줄 안다는 것이, 더러움을 떠나서 있는 것을 깨끗한 것이라고 한다면 오히려 그것은 모르는 것이다, 라는 뜻이다. 그러니까 더러움이 없는 것이 깨끗한 것이 아니라 더러운 것이 없으면 깨끗한 것도 없다, 란 말이다.

다시 말하면 더러운 것이 깨끗한 것이다. 더러운 것이 깨끗아닌 것이 없다는 것을 모르기 때문이다. 변이 불변이라는 것을 모르기 때문이다. 모두들 변을 떠나서 불변을 찾는데, 더러운 것을 떠나서 깨끗한 것을 찾는데, 사실은 '더러운 것이 깨끗한 것이란 것' 을 몰라서 그렇다는 뜻이 된다.

또 진아眞我가 있는 줄 안다는 것이, 물物을 떠나서 내가 있는 것이라고 한다면 그것은 모르는 것이다. 쉽게 말하면 물物이 바로 나(아我)이지 물物을 떠나서 나라고 할 수 없다는 말이다. 같은 논리이다. 우리가 자꾸 진아라고 하는 것을 찾는데 물物을

떠난 것은 진아가 아니다, 란 말이다. 그러니까 진아는 어디에 있냐 하면 물物 속에 있다는 말이다. 이러한 뜻을 깊이 생각해 보기 바란다. 누구나 다 진아를 찾는데 그 진아를 어디 가서 찾아야 할까.

기독교로 말하면 누구나 다 천국을 찾는데 그 천국을 어디에 가서 찾는가, 란 말이다. 이 세상을 떠나서 천국을 간다고들 하는데, 예수께서는 천국은 가는 것이 아니라 천국은 오는 것이라고 했다. 천국은 다른 곳이 아니라 여기에 있는 것이다. 천국은 너희 가운데에 있다, 라고 했다. 천국은 하늘에 있는 것이 아니라 땅위에 있는 것이다. 다 같은 맥락의 이야기이다. 이런 것을 깊이 생각해 보면 “죽지 않는 것이 사는 것이 아니라 죽는 것, 그것이 사는 것이다”라는 뜻을 알 수 있을 것이다. 이것이 십자가라는 뜻이다. 이러한 뜻이 노자익에 들어있는데 얼마든지 그러한 뜻을 우리는 발견할 수 있다.

우리나라의 유명한 동양화가인 청전青田[2]이란 사람의 그림을 보면 시골의 야산 밑에 다 쓰러져가는 초가집을 그리고, 그 초가집 옆에 붙어 있는 허술한 변소, 그것을 그리는 것이 청전의 특징이었다. 그러한 그림이 아주 유명한 걸작이 되는 것이다.

그래서 내가 청전에게 당신은 왜 그런 그림만 자꾸 그리느냐고 물었더니 청전이 하는 말이 나도 젊었을 때는 금강산에

2. 청전青田 이상범李象範(1897~1972)

가서 살았소. 그리고 세상에 아름답다는 것은 다 찾아다녔소. 그리고 그때는 그런 아름다운 것들만 그렸소. 그런데 그림의 세계를 오래 동안 섭렵하다 보니까 이제는 세상의 물건치고 아름답지 않은 것이 없게 되었소. 그리고 특별히 우리나라의 초가집 그리고 그 옆에 있는 다 쓰러질 것 같은 변소, 그것이 그렇게 아름다울 수가 없었소, 라고 하였다.

이러한 말을 듣고 보니 무엇을 그 사람이 말하려고 하는지, 동양화의 핵심이라고 하는 것이 어디에 있는지, 그러한 그림이 우리에게 무엇을 전해주는 것인지, 다시 한 번 깊이 생각하게 했다. 청전은 예도藝道에 통하여 성숙한 주체인 어머니, 즉 도가 된 것이다. 어머니에게는 어린애가 될수록 더욱 귀엽고 아름답다.

로고스는 계란이 될 수도 있고, 병아리가 될 수도 있고, 닭이 될 수도 있다. 헤겔의 법法은 계란이고, 불교의 불佛은 병아리고, 노자의 도道는 어미닭이다. 기독교의 로고스는 계란이 될 때도 있고, 병아리가 될 때도 있고, 어미 닭이 될 때도 있다.

기 도

오늘도 하나님의 말씀을 공부하기 위해
사랑하는 형제자매들이 여기에 모였습니다.

하나님께서 저희와 함께 하셔서
저희들의 눈을 뜨게 해주시어
영광의 주를 볼 수 있도록 당신께서 도와주시옵소서.

언제나 우리의 마음을 정직하게 해주시고
우리가 다른 사람들에게 빛이 될 수 있고
참사람이 될 수 있도록 도와주시옵소서.

예수님의 이름 받들어 기도 드리옵나이다.
아멘.

3. 카이로스

1993년 3월 21일

요한 1:1~5

지금까지 요한복음 1장 1절에서 3절까지 공부를 했는데 다시 한 번 읽어보기로 한다.

태초에 말씀이 계시니라.
이 말씀이 하나님과 함께 계셨으니
이 말씀은 곧 하나님이시니라.
그가 태초에 하나님과 함께 계셨고
만물이 그로 말미암아 지은 바 되었으니
지은 것이 하나도 그가 없이는 된 것이 없느니라.
그 안에 생명이 있었으니 이 생명은 사람들의 빛이라.
빛이 어둠에 비치되 어둠이 깨닫지 못하더라.

구약의 창세기에는 하나님이 우주를 창조했다라고 되어 있다. 이 요한복음 1장에서는, 말씀을 통하여 삼라만상이 지음을 받았다, 그가 없이 창조된 것은 하나도 없다, 라고 되어 있다. 그러니까 창세기에 보면 "하나님이 가라사대 빛이 있으라 하시매 빛이 있었다"라 되어 있는데, 이 말이 유대말로 메므라(Memra)라 하여 하나의 인격화人格化가 되었다. 다시 말하자면 이 말이 수백 년 동안 구약의 기간을 거치면서 차츰 하나의 인격처럼 변해가게 되었다는 말이다.

그러다가 신약에 오면 이 말씀이 요전에 골로새서 1장 15절에서 읽은 대로, 하나님과 같은 인격자로서 취급을 받게 되었다. 그래서 이 말씀을 통해서 만물이 지음을 받았다, 라는 말이 나오게 된다. 또 예수께서 바람과 물결을 꾸짖으시니 바다가 잠잠해졌다라는 말이 나오는데 이런 것을 보면 천지를 창조하지 않으신 분이라면 어떻게 이러한 일을 행할 수 있겠는가, 라는 생각을 할 수도 있게 되는 것이다. 그래서 여기까지가 말씀을 통해서 자연이 창조되었다는 데까지 설명을 한 것이다.

그다음에 4절과 5절을 보면, "그 안에 생명이 있었으니" 그러니까 "말씀 안에는 생명이 있었다"란 말이다. "이 생명은 사람들의 빛이라." 이 말이 중요한 의미를 갖고 있다. 그러니까 말씀, 생명, 빛이라는 말로 표현이 되는데, 말씀이 무엇인가 하면 그것이 바로 생명이고, 생명이 무엇인가 하면 그것이 바로 빛이다, 란 말이다. 또 이것을 진리, 생명, 도라고 해도 좋다. 그래서 진리 즉 생명이요, 생명 즉 도이다. 이 책의 주석을 보면, "신의 생명이 인간의 생명 속에 들어와 그 영혼을 영원히 비추어 주는 생명의 빛, 영의 빛, 진리의 빛이다"라고 해석했다.[1]

요한복음 8장 12절에도 이와 같은 말이 나오는데 "예수께서 일러 가라사대, 나는 세상의 빛이니 나를 따르는 자는 어두움에 다니지 아니하고 생명의 빛을 얻으리라"라고 되어 있다. 이 '생명'이라고 하는 말이 요한복음 속에서만 40번이 나온다. 요한복음에서는 이렇게 '생명'이란 말을 여러 번 강조하고 있다. 또 '빛'이란 말도 23번이나 나온다. 우리는 생명이란 말과 빛이란 말을 따로따로 생각하지만 사실은 생명이란 말과 빛이란 말은 같은 뜻이라고 볼 수 있다.

마치 태양의 빛이 땅에 내려오면 나무라는 생명이 되고, 이 나무가 땅속에 들어가 오랜 세월을 통해 금강석이란 빛을 발하는 보석이 되는 것과 같다고 생각할 수 있다. 천명지위성天命之謂性이요 솔성지위도率性之謂道이다. 하늘의 태양(천명天命)이 땅의 나무(성性)가 되었다가 다시 금강석(도道)으로 되는 것이다. 금강석과 다른 보석과의 차이는 무엇인가 하면 다른 보석들은 언제나 빛을 반사하는 것이지만 금강석은 스스로 빛을 발하는 것이다. 그러니까 금강석은 조그마한 태양이라고 할 수 있다. 그래서 금강석을 가장 귀중한 보석으로 여기는 것이다.

1. 고병려(1987), pp. 70~1

불교에서도 금강경金剛經이란 경전이 있는데 금강경이 가장 귀중한 경이란 말이다. 그런데 이 금강석은 돌멩이로부터 생겨난 것이 아니라 나무가 변해서 금강석이 된 것이다. 그러니까 약한 것이 변하여 강한 것이 되면 본래 강한 것보다 더 강한 것이 되는 것이다.

하나의 예를 들자면, 보통은 남자가 강하고 여자는 부드럽다, 라고 하는데 여자가 강해지기 시작하면 한없이 강해지는 것이다. 남자들은 도저히 따를 수 없을 정도가 된다. 대표적인 예가 영국의 대처라는 여자총리를 들 수 있다. 그동안 영국에서는 근세 정치사에 탄광노조를 다스려낸 총리가 없었다고 한다. 그런데 대처총리만이 탄광노조의 스트라이크에 굴복 않고 결국 자신의 뜻을 관철시켜 영국의 경제 부흥에 새로운 전환점을 만들었다고 한다. 3번의 총리를 연임하면서 가장 훌륭한 정치 지도자로 영국인들에게 굉장히 존경받는 인물이 되었다. 그러니까 약한 사람이 강해지기 시작하면 더 강해지는 것이다.

금강석이란 것도 태양 빛으로부터 나무가 되었다가 다시 빛을 발하는 보석으로 변한 것이 금강석이다. 그러니까 빛이 생명이 되었다가 생명이 다시 빛이 되는 것이다. 그래서 빛과 생명을 언제나 같은 뜻으로 보는 것이다. 생명이란 말 대신에 힘이라고 표현해도 같은 뜻이다. 빛과 힘은 같은 뜻이다. 우리가 물리학에서 $E=mc^2$이란 말을 하는데 여기서도 힘(E)은 빛(C^2)과 같다는 말이다. 또 빛을 진리라 하고 생명을 실존이라고 한다면 실존이 곧 진리이다. 니체가 한 말이다. 이것이 바로 생명이 곧 빛이다, 란 뜻이다.

우리나라 말 중에 진지眞知라는 말이 있는데 밥을 뜻하는 말이다. 그런데 성경에 보면 "나는 하늘에서 내려온 떡이니 사람이 이 떡을 먹으면 영생하리라"(요 6:51)라는 구절이 있는데 여기서 떡이란 말은 밥이라고 생각하면 된다. 떡이 바로 우리말의 진지이다.

또 아까 말한 요한복음 8장 12절에서는 "나는 세상의 빛이니"라고 했는데, 이 둘을 합치면 '나는 밥이며 빛이다'가 되어 '생명'과 '빛'이라는 뜻이 된다. 그래서 언제나 생명과 빛은 같은 뜻이 되는 것이다. 다시 말해서 실존과 진리는 언제나 같은 말이 되는 것이다.

우리가 교회에서 갖는 '성만찬'이라는 의식도 바로 이러한 밥을 뜻하는 것으로 '생명의 의식'이라고 할 수 있겠는데, 특히 가톨릭에서는 '미사'라고 하여 이러한 성만찬 의식이 주가 되고, 개신교에서는 성경을 중심으로 한 설교가 주가 되는데 결국은 생명과 빛, 실존과 진리, 이 두 가지를 말하는 것으로 같은 뜻이라고 생각하면 된다.

그래서 우리나라의 진지라는 말이 참 좋은 말이라고 생각된다. 밥이라는 말을 어떻게 진지라고 부르게 되었는지 모르지만 밥이 곧 진리를 뜻하는 말이 되는 것이다. 또 "그의 안에 생명이 있어서 그 생명이 사람들의 빛이었다"라는 말은 '생명이 곧 빛이다' 라고 알면 된다.

1장 1절에서는 "말씀이 곧 하나님이다"라고 했는데 이것을 바꾸어 말하면 "진리가 곧 생명이다"라는 말이다. 또 "생명이 곧 빛이다"라는 말은 "생명이 곧 진리다"라는 말이라고 생각하면 된다. 그러니까 진리, 생명, 빛이 모두 같은 뜻이라는 것을 안다면 요한복음 1장 1절에서 4절까지의 뜻을 다 아는 것이라고 할 수 있다.

그래서 진리와 생명이란 말이 정말 중요한 것이 되는 것이다. 진리를 깨닫고 생명을 얻는다는 말을 하는데 언제나 진리를 깨닫지 못하면 생명을 얻을 수도 없게 되는 것이다. 또 생명이 없으면 진리도 없다. 건강한 육체에 건강한 정신이 깃든다는 말과 마찬가지다. 그러니까 이 두 가지는 뗄래야 뗄 수 없는 관계이다. 진리를 깨닫고 생명을 얻든지, 생명을 얻어서 진리를 깨닫든지 어느 것이 되어도 좋다. 진리를 깨닫는다는 것은 계란이고, 생명을 얻는다는 것은 닭이다, 라고 생각한다면 어느 것이 먼저라고 해도 좋다. 계란에서부터 닭이 나왔다고 생각해도 좋고, 닭에서부터 계란이 나왔다고 생각해도 좋다. 결국은 마찬가지다.

요전 시간에는 닭에서부터 계란이 나왔다고 했다면, 이번 시간에는 계란에서부터 닭이 나왔다는 말이 되는 것이다. 이 두 가지는 항상 같이 있게 된다. 진리를 깨달으면 생명을 얻게 되고, 생명을 얻으면 진리를 깨닫게 되는 것이다.

소크라테스가 말한 "너 자신을 알라"는 말을 나는 이렇게 풀어본다. '나알알나' 이다. 이 말은 나를 알면 앓다가 낫는다는 말이다. 진리를 깨달으면 병이 낫는다는 뜻이다. 진리를 깨닫는다는 말이 바로 자신을 안다는 말이다. 자신을 알면 앓다가 낫는다. 왜냐하면 자신을 알면 법法과 일치시킬 수 있기 때문이다. 법과 일치되면 병이 없어진다. 우리가 법을 어기니까 자꾸 병이 생기지, 법과 일치하게 되면 병이 생길 수가 없다. 다시 말해서 진리와 일치하게 되면 병이 없어지게 된다. 병이라고 하는 것은 결국 진리와 일치하지 않아서 병이 된다고 할 수 있다. 의학적으로 본다면 좀 이치에 맞지 않는 말이라고 할 수 있겠지만 나의 체험을 갖고 이야기하는 것이다.

내가 35살 때 여러분께 말한 대로 진리를 얻는 경험을 하게 되는데 그 전에는 병으로 인해 거의 죽을 뻔한 것이 4번이나 있었다. 밤에 자고 나면 식은땀이 흘러 이불과 요가 다 젖을 정도로 심하게 아프곤 했다. 내가 우리 어머니에게 얼마나 불효를 했는지 모른다. 매일 요를 말리고 새것으로 갈아야만 했다. 수없이 주사도 맞고, 또 약을 얼마나 먹었는지 헤아릴 수도 없을 지경이었다. 그렇게 죽을 지경까지 간 것이 여러 번 있었다.

그런데 가만히 병의 원인을 따져 보니까 역시 번뇌로부터 시작되는 것이었다. 번뇌가 병의 근원인 것이다. 번뇌라는 것이 무엇인가 하면 요새말로 신경쇠약을 말한다고 할 수 있다. 신경쇠약이 병의 시작이 되는 것이다. 그래서 맨 먼저 나빠지기 시작하는 것이 위다. 신경성소화불량이 생기기 시작한 것이다. 그 다음에는 신장이 나빠지기 시작한다. 그래서 나는 신장염을 얼마나 오래 동안 앓았는지 모른다. 그다음에는 심장과 폐도 나빠지기 시작하여 결국 온몸이 다 앓게 된 것이다.

그렇게 아파서 다 죽게 되었는데도 끊어지지 않는 것이 하나 있었다. 그것이 무엇인가 하면 생각이라는 것이다. 그렇게 아픈 중에도 생각은 계속하게 되는 것이다. 죽으면 그다음에는 어떻게 될까를 생각하게 되는 것이다. 그런 상태가 반복되니까 그 당시 나가던 학교에는 절반도 제대로 근무를 못할 지경이었다.

그렇게 오랜 투병 생활을 계속하다가 35살 되던 해, 3월 17일 오전 9시 5분에 나를 알게 되는 경험을 하게 된다. 나를 알고 나서부터는 병이 없어졌다.

그 후 내가 이화대학에서 28년을 근무하면서 하루도 결석한 적이 없다. 정년퇴임 후 감신 대에 지금까지 10년 가까이 다니면서도 하루도 결석한 적이 없다. “나를 알면 앓다 낫는다.” 그것을 나는 확신하게 되었다. 내가 확실하게 경험한 사실이다.

그다음에는 '날알알나'이다. 날 줄 알아야 알을 낳을 수 있는 것이다. 큰 새가 되어 날 수 있게 되어야 알을 낳게 되는 것이다. 이것이 소위 장자莊子가 말한 "진인이후眞人以後에 진언眞言"이라는 말이다. 생명이 되어야 진리를 말할 수 있다는 뜻이다. 불교식으로 말하면 성불成佛해야 설법說法을 할 수 있게 된다는 말이다. 날 줄 알아야 알을 낳게 된다. 생명에서 진리가 나오는 것이다. 아까 말한 나를 알면 앓다가 낫는다는 말은 진리에서 생명이 된다는 말이다. "나를 안다"는 말이 진리란 말이고 "앓다가 낫는다"는 말이 생명이 된다는 말이다. "날 줄 알면"이란 말이 생명이란 말이고 "알을 낳는다"는 말은 진리란 말이다. 이 두 가지는 서로 뗄 수 없는 관계이다. 이것을 헤겔은 어떻게 말했나 하면 "현실적인 것은 이성적인 것이고, 이성적인 것은 현실적인 것이다"라고 했다. 이것이 그의 『법철학』 서문에 나오는 변증론인 것이다.

어쨌든 여러분들께서는 생명과 진리의 일치를 빨리 깨달을 수 있기를 바란다. 그렇게 되어야 이 요한복음의 요체를 다 알 수 있게 된다. 결국 요한복음이 말하고자 하는 것은 바로 이것이다. 진리와 생명의 일치이다. 진리를 깨닫는 것이 생명이고, 생명을 얻어야 진리가 되는 것이다. 이것이 요한복음의 뜻이다. 우리가 생명을 얻어야 역시 진리를 말할 수 있는 것이고, 진리를 깨달아야 역시 생명을 얻을 수 있는 것이다.

데카르트로 말하면 사유思惟와 존재存在의 일치이다. "나는 생각한다"는 말은 진리이고, "고로 나는 있다"는 말은 생명을 말하는 것이다. "To be or not to be"라는 말에서 'be'라는 말이, 살았다는 말의 존재를 뜻하지만 결국 생명을 말하는 것이라 할 수 있다. '생명과 진리의 일치' 이것이 모든 철학이 말하고자 하는 내용이다. 플라톤이든, 아리스토텔레스, 하이데거, 야스퍼스 등 모든 철학자들이 말하고자 하는 내용이 모두 이것이다.

하이데거의 '시간과 존재'라는 말도 시간이 결국 진리이고 존재라는 것이 생명이고, 이 두 가지의 일치를 말하는 것이다. '시간과 존재'라는 말을 더 쉽게 말하면 '시간과 공간'이라고 할 수 있다. 사유와 존재라는 말이 시간과 존재 또는 시간과 공간이란 뜻으로 생각하면 된다. 사유란 말은 결국 의식의 흐름을 말하는데 의식의 흐름이 바로 시간을 말하는 것이다. 철학에서는 그렇게 보는 것이다. 그래서 시간과 공간의 일치라고 보아도 좋은 것이다.

또 시간과 공간의 일치라는 말은 요새말로는 4차원이라고 생각할 수 있다. 그러니까 결국 요즘 현대철학에서 말하고자 하는 것이 4차원이고, 현대과학이 말하고자 하는 것도 4차원이다. 종교가 말하는 것도 4차원이다. 진리를 깨달았다는 말이 4차원의 세계를 말하는 것이다.

시간 공간의 곱하기라는 말도 쓰고 시간제단時間際斷이란 말도 쓴다. 시간이 잘렸다는 말이다. 시간이 무엇에 의해서 잘렸는가 하면 공간에 의해서 잘렸다는 말이다. 시간 곱하기 공간이란 말을 불교에서는 시간제단이란 말로 표현한다.

기독교에서는 카이로스(Kairos)라는 말을 쓴다. 카이로스란 말이 '잘린 시간'이란 뜻이다. 크로노스(Chronos)라 하면 계속되는 시간을 말한다. 우리가 보통 말하는 시간이란 개념이 크로노스이다. 그런데 카이로스라고 하면 잘린 시간이 된다. 카이로스란 말이 잘렸다는 말이다. 그래서 기독교에서는 카이로스인가 크로노스인가를 항상 얘기하는 것이다. 기독교의 시간은 카이로스이지 크로노스가 아니다, 라고 하는 것이다.

또 신학적으로 말할 때는 계속하는 것은 히스토리(History)라 하고 이에 반해서 잘린 역사를 게쉬히테(Geschichte)라고 하는데 크로노스는 히스토리를 말하고 카이로스는 게쉬히테를 말하는 것이다. 다 같은 얘기다. 그러니까 게쉬히테, 카이로스는 다 4차원의 세계이고 히스토리, 크로노스는 다 3차원의 세계를 말하는 것이다.

우리가 양명학에서 치지致知라고 하면 3차원의 세계이고, 치양지致良知라고 하면 4차원의 세계가 되는 것이다. 실존이라고 하면 언제나 시간으로 잘라야 실존이지, 잘리지 않으면 현존이 되고 만다. 현존재는 3차원이고 실존이 되면 4차원이 되는 것이다. 진리를 깨달았다는 말은 결국은 4차원이 되었다는 말이다.

우리의 보통 삶은 3차원을 말하는 것이다. 그런데 시간이 끊어지게 되면 4차원이 되는 것이다.

그래서 진리와 생명의 일치라는 말은 요새말로 하면 4차원의 세계를 말하는 것이다. 그렇게 생각하면 이해하기가 쉬울 것이다. 아인슈타인의 $E=mc^2$이란 말도 4차원에서 나오는 말이다. 4차원이 되어야 equal(=)이 되는 것이다.

기 도

예수님께서 십자가를 지신 것이
나와는 아무런 상관이 없는
나와는 멀리 떨어진 일로 생각하지 말고
내 죄를 위해서
나를 위해서 십자가를 지셨다고 하는,
그래서 나와 그리스도가 하나가 되는 이치를
저희들이 깨달을 수 있도록
당신께서 도와주시옵소서.

그것 없이는 우리들의 믿음이 아무것도 아니며
우리들이 깊이 반성하고
고난절을 맞이할 때마다
저희들의 마음속에 뉘우침을 가질 수 있도록
당신께서 도와주시옵소서.

오늘 이 시간에도 당신께서
함께 하여 주실 것을 바라옵고
예수님의 공로 받들어 기도 드리옵나이다.
아멘.

4. 세례 요한의 사명

1993년 3월 28일

요한 1:6~8

하나님께로부터 보내심을 받은 사람이 있으니
그의 이름은 요한이라.
그가 증언하러 왔으니 곧 빛에 대하여 증언하고
모든 사람이 자기로 말미암아 믿게 하려 함이라.
그는 이 빛이 아니요 이 빛에 대하여 증언하러 온 자라.

"이름을 요한이라 하는 한 사람이 하나님에게서 보냄을 받아 나타나 나왔다."[1] 이것에 대해서는 누가복음에 아주 세밀하게 기록되어 있다. 마리아에게서 예수가 탄생하기 전에 요한의 탄생에 대해서 자세하게 나와 있다. 그러니까 요한은 하나님께서 보내서 온 사람이다. "그로 말미암아 모든 사람이 믿는데 이

1. 고병려(1987), pp. 8~9

르도록" 여기서 "그로 말미암아"의 그는 누군지 확실치 않으나 "예수로 말미암아"라 해도 좋고 또는 "요한의 말을 듣고"로 해도 좋다. "믿는 데 이르도록 증언의 사명을 띠고 왔다."[2] 구원을 받게 되도록 말씀을 증거하는 그러한 사명을 띠고 왔다. 그것이 요한의 사명이라는 말이다.

여기서 사명使命의 '사使' 자는 죽을 사死 자와 같은 말이다. 그러니까 생명이라는 것은 언제나 사명을 가져야 생명이다. 아까 우리가 지행합일知行合一을 말했는데 이것은 곧 생사일여生死一如라고 할 수 있다. 생사生死란 항상 하나가 되어야지 생과 사가 떨어져 있으면 안 되는 것이다. 불가리不可離이다. 산다고 하는 것은 사명을 가지고 살아야 사는 것이지, 사명 없이 산다면 그것은 사는 것이 아니다.

"그는 본래 빛이 아니오." 여기서 빛이란 말이 자꾸 나오는데 요한은 빛이 아니란 말이다. 빛(광光)이 아니고 불(화火)이란 말이다. 빛이란 것은 위에서 내려오는 것이고 불은 밑에서 올라가는 것이다. 요한이란 사람은 빛이 아니고 불이란 말이다.

"그 빛에 대하여 증거하러 온 것이다." 그 빛에 대해 증거하러 온 것이 불이다. 우리가 불타佛陀라 할 때의 불佛이다. 불이 타듯이 타는 것이 불타이다. 불이란 빛을 증거하는 것이다. 모든 불은 빛을 향해 있다.

불이라는 말 대신에 손가락이란 말도 쓴다. 빛이라는 말 대

2. 앞의 책, p. 8

신에 달이라는 말로 하면 언제나 손가락이라는 것은 달을 가리키는 것이다. 불교에서 이런 말을 많이 한다. 손가락은 달을 가리키는 것이니까 달을 보아야지 손가락을 보면 안 된다. 그런데 달을 보지 않고 자꾸 손가락만 쳐다보게 되는 것이 우리 사람들이다. '달을' 즉 '진리를' 깨달으라는 것이지 선생을 자꾸 좇아다니라는 말이 아니다. 자칫 잘못하면 선생하고 진리하고를 혼동하기가 쉽다는 말이다.

그래서 아리스토텔레스는 말하기를 "나는 진리도 사랑하고 선생님도 사랑하지만, 나는 플라톤보다도 진리를 더 사랑한다"라고 했다. 물론 우리에게 손가락도 필요하다. 손가락이 있어야 방향을 알 수 있다. 그러나 언제까지나 손가락만 바라보고 있으면 안 된다. 반드시 진리를 보고서 진리를 찾아가야 한다.

그래서 아리스토텔레스가 플라톤을 떠나는 때가 있게 된다. 떠날 때 한 말이 바로 "나는 플라톤을 사랑하지만 그러나 진리를 더 사랑한다"는 말이다. 이와 마찬가지로 요한도 자기 제자들에게 예수한테 가라고 해서 간 제자들도 있었다. 요한복음을 쓴 요한도 본래는 세례 요한의 제자였는데 예수의 제자가 된 사람이다.

그러나 계속 세례 요한의 제자로 남아 있던 사람도 많았다. 세례 요한의 학파가 200년 동안 계속 되었다고 한다. 그러니까 세례 요한을 계속 따라 다닌 사람들도 많았다는 것이다. 그런데 세례 요한 자신은 그렇게 생각하지 않았다는 말이다. 자신은 손가락이고 예수가 달이니까 달을 따라가야지 내 손가락에만 자꾸 붙어있지 말라고 했다.

그래서 요한은 "나는 망할 것이요, 예수는 흥할 것이다"라는 말까지 하게 된다. 마치 시골사람들이 서울 구경 와서 길 안내자가 동그란 깃발을 들고 그 깃발을 보며 따라오게 했다. 서울 구경을 다하고 시골 내려가서 다른 사람이 서울이 어떻게 생겼냐고 물으니까 동그랗다고 대답했다는 말이 있다. 길 잃을까봐 깃발만 보았다는 말이다. 그러니까 서울을 보아야 하는데 깃발만 보아서는 안 된다는 말이다.

학생이 한 번은 선생을 떠나야지 계속 선생에게만 달라붙어 있어서는 안 된다는 말이다. 그래서 언제나 손가락에만 붙어 있으면 안 되고 달을 보아야 하는 것이다. 이것은 비단 종교의 세계에만 국한되는 것이 아니고 어떤 세계에서도 다 통하는 말이다. 학교는 정해진 기간이 있으니까 안 떠날 수 없겠지만 교회에서는 졸업식이라는 것이 없다. 교회에서도 스스로 졸업하게 되어야 하는데, 자신이 알아서 졸업을 하게 되어야 한다. 그래서 언제나 달이 중요한 것이지 손가락은 수단일 뿐이다.

이것 하나만 안다고 해도 우린 큰 것을 아는 것이다. 이것이 요한이 말한 "나는 망할 것이요, 예수는 흥할 것이다"라고 한, 망하고 흥하는 분기점이 여기에 있는 것이다.

우리가 "진리를 사랑하느냐, 스승을 사랑하느냐"에서 물론 스승을 사랑하지 않을 수 없지만 어떤 때에 가서는 스승을 떠날 수 있어야 한다. 이것을 우리는 착실着實과 과단果斷이라고 한다. 어떤 때에는 착실하게 붙어 있어야 할 때도 있지만 어떤 때에 가서는 과단하게 떨어져야 할 때도 있는 것이다. 이런 것이 없다면 선생도 안 되고, 학생도 안 된다. 이러한 것이 반드시 있어야 한다.

어린애가 어머니 뱃속에서 자랄 때는 확실하게 붙어 있어야 하고 열 달이 되어서는 뱃속에서 떨어져 나와야지, 계속 그 속에 들어 있게 되면 어머니도 죽고 애도 죽게 된다. 이러한 것이 얼마나 중요한지 모른다. 그러니까 착실, 과단이다.

붙어 있을 때는 착실해야 하고 떨어져야 할 때는 과단해야 하는 것이다. 우리가 인생에 붙어 있을 때는 착실하게 살아야 하고 인생을 떠날 때는 과단하게 떨어져야 하는 것이다. 그렇게 되어야 생사일여가 될 수 있는 것이지 그것 없이는 생사일여가 될 수 없다. 그래서 세례 요한이란 사람은 빛을 증거하러 온 사람이지, 빛이 아니라고 했다. 손가락이지 달은 아니란 말이다. 이것을 구별할 줄 알아야 한다.

렘브란트라고 하는 유명한 네델란드의 화가가 세례 요한을 그렸는데, 세례 요한의 손가락에서 빛이 나오는 것을 그렸다. 세례 요한이 손가락임을 나타내는 것이라고 생각할 수 있다. 무엇을 가리키는 손가락인가. 달을 가리키는 손가락이다. 불교 같은 데에서는 우주만물이 다 손가락이다, 라는 생각도 한다. 장자莊子 2장 제물론 편에 보면 천지일지天地一指라는 말이 나오는데, 하늘과 땅이 전부 무엇인가 하면 하나님을 가리키는 손가락이다, 라는 뜻이다.

로마서 1장 20절에도 그와 같은 뜻의 말이 들어있다. 우주만물이 다 하나님의 능력과 신성神性을 드러내는 손가락이 라고 생각할 수 있다. 우리 인생이란 것이 무엇인가. 하나님을 증거하는 손가락이다. 그렇게 생각해도 좋다. 사람이 꼿꼿하게 서 있는 것도 손가락이 되어서 그렇다, 라고 생각해도 좋다. 이렇게 손가락이라고 하는 사상이 매우 중요한 것이다.

『벽암록』 19장에 보면 구지일지俱胝一指라는 제목이 나오는데, 함께 구俱, 목 박힐 지胝의 구지스님 이야기이다. 이 장의 내용을 보면 누구든지 구지스님에게 와서 어떤 질문을 하여도 그 대답은 아무 말 없이 손가락 하나만을 내세웠다는 이야기이다. 그리고 죽을 때 한 말도 재미있는데, 자기가 일생을 써먹었는데도 손가락이 하나도 닳지 않았다, 라고 하였다. 불용지용不用之用이란 말이다. 그것이 진리이다. 진리란 일생을 써먹어도 없어지거나 닳는 것이 아니다.

구지스님은 이렇게 손가락 하나를 내세우는 것이 특징이었다. 하루는 구지스님께서 출타를 하고 없었는데 구지스님의 문하에 있는 동자승이 구지의 행방을 묻는 손님에게 대답대신 손가락을 내세웠다. 나중에 이 말을 전해 들은 구지가 너무도 기가 막혀 동자승을 불러내어 내가 없을 때 어떻게 대답했느냐고 물었다. 그랬더니 그 동자승이 구지 앞에서도 손가락을 내세웠다. 그때 구지가 동자승의 손가락을 잘라 버렸다. 이것이 소위 불가에서 말하는 단지斷指라는 것이다. 동자승이 잘린 손가락을 움켜쥐고 뛰어 나갈 때 구지가 뒤에서 불러 세웠다. 그리고 자신의 손가락을 들어 세웠다. 그 순간에 동자승이 깨달았다는 이야기이다.

소크라테스의 무지지지無知之知라는 말이 있듯이 여기에서는 무지지지無指之指가 되는 것이다. 유명한 『벽암록』에 나오는 이야기이다. 『벽암록』은 100가지의 공안公案에 대해 설두雪竇와 환오圜悟라는 두 스님이 설명도 하고 주석을 붙인 글로서 이 구지의 이야기에 대해 설두가 주석을 붙여 다음과 같은 말을 했다.

대양심애로구지 對揚深愛老俱胝
우주공래갱유수 宇宙空來更有誰
증향창명하부목 曾向滄溟下浮木
야도상공접맹구 夜濤相共接盲龜

누구든지 만나면 손가락을 세우는데 그것은 깊은 사랑 때문이다. 늙은 구지스님의 한없는 중생사랑을 말하는 것이다. 구지라는 뜻을 생각하면 십자가에 못 박혀 달리신 그리스도를 생각하게 한다. 천지가 생긴 이래로 이렇게 인간을 사랑한 사람이 또 어디 있겠는가. 마치 예수 그리스도에 대해 써 놓은 것 같은 느낌을 갖게 한다. 그 당시에는 기독교와 아무런 상관이 없던 시대의 스님이 이러한 시詩를 지었다는 것이 신기할 따름이다.

일찍이 중생을 위해 검푸른 바다 위에 뗏목을 띄워 주었으니, 기독교로 말하면 검푸른 바다(창명滄溟)는 죄악에 물든 세상이라고 생각할 수 있다. 부목浮木은 요새말로 구명정이라고 할 수 있다. 예수님께서 십자가에 달리신 것이 우리를 죄악에서부터 건져내기 위한 구명정과 같다. 거친 파도(야도夜濤) 속에 눈먼 거북들이 뗏목에 의지할 수 있게 되었구나. 이 세상이란 것이 정말 캄캄한 밤에 거친 물결 속에 있는 것과 마찬가지다. 여기에 사용한 부목맹구浮木盲龜라는 숙어가 유명한 말인데 눈먼 거북이가 바다에 떠있는 널판지를 붙잡았다는 뜻이다. 다른 말로 천재일우千載一遇라는 말도 쓴다. 천 년이 걸려서도 한 번 만날까 말까 한 어려운 기회라는 뜻이다.

학생이 정말 훌륭한 선생을 만난다는 것이 천 년에 한 번 있을까 말까 한 것이다. 그렇게 어려운 것이 바로 선생과 학생과의 관계이다. 구지가 동자승의 손가락을 자른 것도 마치 널판지를 던져서 거북을 건져 올리는 것과 같은 것이라고 할 수 있다. 그 순간 생명을 얻게 되는 것이다. 진리를 깨닫게 되는 것이다. 무지지지無指之指다. 손가락이 없어졌는데 다시 손가락이 생겼다는 말이다. 다시 말하면 손가락이 없어져야 손가락이 되지, 손가락이 없어지기 전에는 손가락이 되지 못한다는 말이다. 결국 내가 없어져야 내가 되지, 내가 있는 동안은 내가 될 수 없다는 말이다.

무아지아無我之我이다. 세례 요한도 결국 목이 잘리게 되는데 그래서 세례 요한이 되는 것이다. 자기가 없어질 때 세례 요한이 되는 것이다.

기 도

고난 주간을 통하여
저희 믿는 자들의 마음을 지켜 주시고
예수님께서 십자가를 지고 가신 것처럼
저희들도 각자에게 맡겨진 십자가를 지고
예수님 고난에 동참할 수 있는
저희들이 될 수 있도록 도와주시고,
우리가 우리의 조국을 위해서 최선을 다하는
저희들이 될 수 있도록 도와주시옵소서.

또 새로운 오늘을 맞이하여 만물이 소생하는 이때에
저희들의 정신을 일깨워서
언제나 하나님 앞에서 정신을 차리고 사는
저희들이 될 수 있도록 도와주시옵소서.

그래서 언제나 저희들이 우리 백성을 사랑하고
이웃을 도와서 우리의 문화를 이어가고,
세계의 평화를 위해 살아가는
저희들이 될 수 있도록 당신께서 도와주시옵소서.

비록 짧은 인생이지만 이 짧은 인생 속에서
하나님의 귀하신 말씀을 받아들이고
영원한 진리를 깨닫고 살아가는
저희들이 될 수 있도록 도와주시옵소서.

예수님의 공로 받들어 기도 드리옵니다.
아멘.

5. 참사람

1993년 4월 4일

요한 1:9~13

참빛 곧 세상에 와서
각 사람에게 비추는 빛이 있었나니
그가 세상에 계셨으며
세상은 그로 말미암아 지은 바 되었으되
세상이 그를 알지 못하였고 자기 땅에 오매
자기 백성이 영접하지 아니하였으나
영접하는 자 곧 그 이름을 믿는 자들에게는
하나님의 자녀가 되는 권세를 주셨으니
이는 혈통으로나 육정으로나
사람의 뜻으로 나지 아니하고
오직 하나님께로부터 난 자들이니라.

요전 시간에는 세례 요한에 대한 이야기였는데 오늘은 예수님에 관한 이야기이다. 그러니까 예수님이 이 세상에 나왔는데 예수가 누군가 하면 참빛이란 말이다. 그런데 유대인들은 예수님을 알아보지 못했다. 몰라 본 것뿐만 아니라 결국 십자가에 못 박아 죽이기까지 한 것이다. 그것으로 예수님이 오신 일이 끝이 났는가. 그렇지는 않다. 그래도 수는 적지만, 몇 사람이 그를 믿게 된 것이다.

그런데 그렇게 믿게 된 사람도 제 힘으로 된 것이 아니고 하나님의 힘으로 된 것이다. 간단히 요약하면, 그런 이야기이다. 예수님께서도 말씀하시기를 "내 아버지께서 오게 하여 주지 아니하시면 누구든지 내게 올 수 없다"라는 말을 하였다. 그러니까 예수의 말을 듣는 사람들도 하나님께서 보내 주신 것이지 자기의 힘으로 와서 듣는 사람들은 아니라는 말이다. 그래서 그러한 믿음을 갖게 되는 것도 사람의 힘으로 되는 것이 아니고 역시 하나님의 힘으로 되는 것이다, 라는 말이다.

옛날 사람의 시詩에 다음과 같은 글이 있다.

영광독요靈光獨耀 형탈근진逈脫根塵
체로진상體露眞常 불구문자不拘文字
심성무염心性無染 본자원성本自圓成

영광독요靈光獨耀, 영적인 빛이 홀로 빛나는데, 형탈근진逈脫根塵, 형逈 자는 멀 형 자인데 형탈逈脫이란 멀리 벗어났다는 말이 된다. 무엇으로부터 멀리 벗어났는가 하는 근진根塵이다. 인간의 속에 깊이 뿌리박힌 죄악의 근성이라는 말이다. 그러한 죄악의 근성으로부터 멀리 벗어나게 되었다는 말이다.

체로진상體露眞常, 본체가 드러나 영원히 참인 세계가 되었다. 불구문자不拘文字, 문자를 가지고는 도저히 그 세계를 알 수가 없다.

심성무염心性無染, 심성이 조금도 오염되지 않게 되면, 본자원성本自圓成이다. 본래 스스로 완전하고 거룩한 것이다. 이렇게 되어야 참사람이라 할 수 있다. 참빛이 있었다, 라는 말이나 참사람이 있었다, 라는 말이나 마찬가지다.

요한복음에서 빛이란 말은 예수님을 두고 하는 말이니까, 예수님이 참사람이었다는 말이다. 그것이 참빛이란 말이다. 결국 같은 말이다. 그런데 그 참빛을, 이것은 영적인 빛이기 때문에, 우리가 보통 육적인 사람들은 알지 못하는 것이다.

영광독요靈光獨耀, 참빛이 홀로 빛나지만, 형탈근진逈脫根塵이다. 우리 보통 사람과는 너무나 거리가 멀리 떨어져 있는 것이다. 그래서 도저히 붙잡을 수가 없다. 체로진상體露眞常, 하나님의 본체가 드러난 영원한 진리이지만, 불구문자不拘文字이다. 우리의 지식과 학문으로서는 도저히 알아차릴 수가 없다. 심성무염心性無染, 그분의 마음은 조금도 더렵혀진 것이 없이 깨끗하여, 본자원성本自圓成이다. 본래 저절로 자애롭고 원만한 성인

聖人이다란 말로 해석할 수도 있다.

그러니까 이러한 것을 보통 서양 사람들은 알지 못한다. 알지 못 할 뿐만 아니라 오해하고 결국은 죽이고 마는 것이다. 그러나 그때 사람들만 나쁘다고 할 수 없다. 지금 예수님이 또 온다 해도 우리도 똑 같이 잘 알지 못하고 죽이게 될 것이다. 왜냐하면 우리도 역시 볼 수 있는 눈을 갖지 못하고 있기 때문이다. 정말 근진이기 때문에 불구문자이다. 도저히 알 수가 없는 것이다. 우리는 예수께서 그 당시 얼마나 오해를 받았는지 성경을 통해 짐작할 수 있다.

나는 여러분들께서도 잘 아는 유영모 선생을 처음 만날 당시, 함석헌 선생이 서울 역전의 구 세브란스 병원의 조그마한 강당에서 겨울에 불도 때지 않아 영하 15도가 되는 추위에서도 언제나 2백 명이 넘게 꽉 차는 사람들에게 이사야 강의를 하고 있었다. 지금 이 자리에 계신 몇몇 분들도 그 당시 그 강의에 참석했던 것으로 기억되는데 김동길, 안병무, 유동식 같은 분들도 다 그때 그 곳에 다닌 분들이다.

그런데 함석헌 선생의 강의에는 2백 명이 넘는 사람들이 항상 참석하는데 함석헌 선생의 선생님 되시는 유영모 선생의 강의에는 5명도 안 될 때가 많았다. 함석헌 선생의 말이 검불덩이라면 유영모 선생의 강의는 쇳덩이처럼 무게가 있는 것으로 생각되는데, 함석헌 선생의 강의는 항상 사람들로 꽉 차는데, 유영모 선생의 강의에는 다섯 사람이 채 못 되거나 어떤 때는 한두 사람만 참석하는 것이었다.

한번은 참석자가 한 사람도 없어서 유영모 선생께서는 댁인 자하문 밖에서 종로 YMCA까지 걸어오셨다가 한 시간쯤 학생들이 오기를 기다리다 돌아가신 적도 있었다고 한다. 그러니까 사람을 알아본다는 것이 쉬운 일이 아닌 것이다. 40년을 YMCA에서 가르쳤는데도 오는 사람의 수는 극히 적었다.

유영모 선생께서 돌아가신 뒤에도 그나마 참석했던 몇몇의 사람들이 해마다 추도 모임을 갖고 있었는데 그때마다 언쟁을 안 한 때가 없었다.

처음 장례식 때의 주례를 내가 맡아서 했는데 물론 기독교식으로 진행했다. 그 후 추도회 때 다시 모임을 가졌는데 찬송가를 부르려고 하니까 그 모임에 참석했던 한 사람이 나서서 찬송가를 부르면 안 된다고 주장했는데, 그 이유가 유영모 선생이 기독교인이 아니라는 것이었다. 그래서 결국 애국가를 대신 부른 적도 있었다. 나라를 사랑한 것만은 확실하지 않느냐, 그러니 애국가라도 부르자고 하여 애국가를 부르게 된 것이다.

지금까지 10주년이 넘는 추도모임을 가졌는데 한 번도 제대로 합의를 이룬 적이 없었다. 그리고 그 5, 6명의 사람마다 다 각기 자기가 정통성을 갖고 있다고 주장한다. 자기가 이해한 유영모가 제일 바른 유영모이다, 라고 주장하는 것이다. 어떤 사람은 유영모는 노자를 연구한 사람이지 기독교인이라고 할 수 없다라 하고, 어떤 사람은 유영모는 불교인이지 어떻게 기독교인인가, 라는 사람도 있고, 각인각색이다. 그래서 사람을 올바르게 안다는 것이 그렇게 어려운 것이다.

그러니까 멀리 2천 년 전의 예수님 당시를 생각할 것이 아니라 가까이 바로 유영모 선생 하나를 생각해 본다고 해도 사람을 제대로 안다는 것이 얼마나 어려운가를 알 수 있다. 이런 것을 소위 군맹무상群盲撫象이라고 한다. 장님들이 코끼리를 만져보고 이렇다 저렇다를 말한다는 뜻이다. 유영모를 만져 본 사람은 많은데 본 사람은 없다는 말이다. 이것이 언제나 문제이다. 예수 당시에도 예수를 만져 본 사람은 수없이 많았지만 실제로 본 사람은 없었다는 말이다.

그것이 오늘 구절의 내용이다. 그래서 본 사람만이, 본 사람이 곧 그를 믿는 사람으로, 하나님 아들이 될 권한이 주어졌으며, 그렇게 볼 수 있게 되는 것은 인간의 힘으로 되는 것이 아니라 하나님의 힘으로 가능하다, 라고 보는 것이다. 또 하나님의 힘으로야 될 수 있다고 할 만큼 어렵다, 라고 말할 수도 있다.

우리가 안다고 하는 것을 쉽게 생각하는데 실제로 제대로 안다는 것은 이렇게 어려운 것이다. 그래서 그 당시에 예수님을 안 사람이 몇 사람이나 되었을까. 여기 성경구절에는 조금 있는 것처럼 되어 있지만 엄격히 말하면 없었다고 하는 것이 맞을는지도 모른다. 그런데 얼마 있다가 바울이란 사람이 예수를 알게 되었다고 생각할 수 있다. 그러니까 이렇게 안다는 것이 참 어려운 것이다.

양명도 말했듯이 껍데기를 보아서 아는 격물치지格物致知가 되어서는 안 된다는 말이다. 그렇다면 어떻게 알아야 할 것인가. 예수님께서 하나님의 힘으로 안다고 했는데, 다시 말하자면 마음을 알고(심즉리心卽理), 마음을 통하는 것(이심전심以心傳心)이 되어야 하는 것이다. 예수의 마음을 바울이 이어받는 것이다. 껍데기만 아는 식의 격물치지는 요새말로 말하면 대상화對象化라는 말을 하는데, 물건(격물格物)과 나(치지致知)가 둘이지, 하나가 된 상태가 못 되는 것이다. 그러니까 예수를 안다는 것도 예수와 나가 둘이 된 세계가 되면 안 된다. 예수와 나가 하나가 된 세계가 되어야 한다는 말이다. 이런 것이 소위 사람의 힘으로 되는 것이 아니라 하나님의 힘으로 된다는 말의 뜻이라고 할 수 있다.

그러니까 유영모 선생에게 노자를 배웠다든가, 불경을 배웠다든가, 성경을 배워서 아는 것은, 아는 것이 아니다. 그것은 지식의 세계이고 과학의 세계이지 철학의 세계는 아니다. 그렇다면 우리는 유영모에 대해서 무엇을 알아야 하는가. 사실은 유영모를 아는 것이 아니라 그리스도를 알게 되어야 한다. 또 달리

말하자면 유영모를 통해서 나를 알게 되어야 한다. 자기를 알아야 하는 것이다. 그러니까 심즉리心卽理나 이심전심以心傳心이란 말은 자기를 알게 된 것이라는 말이다. 유영모를 안다는 말은 노자를 안다는 말도 아니고, 불경을 안다는 말도 아니고, 성경을 안다는 말도 아닌 것이다. 결국 나를 안다는 말이다.

그렇다면 유영모는 무엇을 안 사람인가. 바로 자기를 안 사람이다. 그러니까 유영모를 통해서 자기를 알게 되면 그것이 이심전심이고 심즉리이지, 그 사람이 기독교인이냐 아니냐는 아무런 의미가 없다. 일생동안 성경을 가르쳤으니 기독교인이다, 라는 사람도 있을 것이고, 그 사람이 교회 다닌 적이 없으니까 기독교인이 아니라는 사람도 있을 것이다. 그러나 그것이 중요한 게 아니다. 유영모가 기독교인이냐 아니냐는 유영모의 문제이지, 나의 문제는 아니다. 우리가 유영모의 문제에 대해서 알려고 애쓸 필요는 없다. 학문적으로 연구하여 석사나 박사 학위를 받기 위해서 한다면 모르겠으나 그런 것이 아니라면 유영모가 기독교인이다, 아니다가 나와 무슨 상관이 있겠는가. 나의 문제는 내가 무엇인지를 아는 것이다. 그러니까 유영모를 통해서 내 문제가 해결이 되어야 하는 것이다.

예수가 그리스도인가 아닌가에 대해서도 여러 가지 논란이 많은데, 아직도 유대인들은 예수를 그리스도로 인정하지 않고 있다. 그러나 예수가 그리스도이든 아니든 나와 무슨 상관있겠는가. 마찬가지로 그것은 예수의 문제이지 내 문제는 아닌 것이다.

중요한 것은 예수를 통해 내 문제가 해결 되었는가 아닌가가 중요하지, 그런 것이 없다면 예수가 그리스도이면 어떻고 아니면 어떻겠는가. 나는 유영모를 통해서 해결된 것이 하나가 있다. 그것이 무엇인가 하면, 나는 몸이 몹시 아파서 내일이면 죽는다, 라는 병고를 네 번이나 치렀는데 병원에 오래 동안 입원도 하고 수없이 주사도 맞고 약도 먹었지만 병을 낫게 할 수가 없었다. 그런데 내 병을 고쳐 준 사람은 병원의 의사도 아니고 약사도 아닌 유영모였다. 내가 유영모 선생에게서 해결한 것은 그것 하나이다. 유영모 선생께서도 의사들이 30을 못 넘긴다고 할 정도로 몸이 약했다고 한다. 그런데 유영모 선생은 92세까지 살았다.

나도 모두들 30을 못 넘길 것이라고 했는데 70이 넘은 지금까지 살아있다. 이것이 내가 유영모를 통해 이어받은 것이다. 유영모도 나도 30을 넘겨 건강한 삶을 살게 된 것이다. 이것만은 누구에게도 확신을 갖고 말할 수 있다. 그런 의미에서 나에게는 유영모가 노자를 가르치고 불교를 가르쳤다는 그런 것이 문제가 아니고, 다만 다 죽게 되었던 내가 유영모 덕분에 지금까지 살아 있다는 것, 그것이 중요한 것이다. 그런 의미에서 유영모는 나에게 참빛이었다. 나와 유영모와의 관계는 이렇게 내 생명을 고쳐준 것이라고 할 수 있으며, 또 하나는 그리스도를 알게 해준 것이라 할 수 있다.

나는 유영모라는 사람 때문에 그리스도를 알게 되었다. 유영모가 아니었다면 나는 그리스도를 몰랐을 것이다. 유영모를 통해서 나는 그리스도를 알게 된 것이다. 그런 의미에서 나는 유영모를 통해서 예수를 믿게 되었다, 라고 생각할 수도 있다. 그렇게 보면 유영모는 나에게 산파 노릇을 한 것이다.

그러니까 이렇게 무엇인가 참된 것이 있어야 한다. 유영모에게 노자를 배우고 불교를 배워서 무엇하겠는가. 시간이 지나면 다 잊어버리게 되는 지식일 뿐이다. 무엇인가 나에게 확실한 것을 줄 수 있는 그런 것이 있어야 하는 것이다. 그러한 확실한 것이 있을 때 참이라 할 수 있지, 그런 것이 없다면 참이라 할 수 없다. 그런 의미에서 예수라는 사람도 참사람이었다, 라고 생각한다. 유영모도 참사람인데 유영모보다 훨씬 더 큰 예수는 정말 참사람이라고 생각한다. 유영모가, 예수는 참빛이었다, 라고 하였는데 나는 그 말을 믿는다.

예수 당시, 예수님을 좇아다닌 사람 가운데 예수를 믿는 사람들도 있었을 것이다. 그 사람들도 확실히 예수의 참을 붙잡았을 것이다. 참이라는 것이 없으면 믿는다는 것도 없다. 거짓을 통해서는 믿음이 있을 수가 없다. 믿는다는 것은 바로 참을 믿는 것이다. 참이 없이는 믿음이 있을 수 없다. 그런 의미에서 예수님도 참사람이었을 것이고 참빛이었을 것이다, 라고 생각한다. 그리고 그것을 믿는 사람들도 있었을 것이다. 또한 그를 믿은 사람들도 참사람들이 되었을 것이다.

기 도

감사하신 하나님,
오늘 저희들에게 부활절을 허락해 주시고
그리스도께서 부활하신 것을
기념하는 여러 가지 행사들이
온 세계 많은 교회에서 치루어지는 이때에
어디서 어떤 행사를 치르든지 간에
저희들이 이 땅위에 사는 동안
사랑 속에서 확실한 믿음을
가질 수 있도록 도와주시옵소서.

언제나 우리는 부활을 믿고
영원한 생명을 믿으며 살아가는
저희들이 될 수 있도록
당신께서 도와주시옵소서.

오늘 하루도 당신의 빛 가운데에서
참 생명의 삶을 살아갈 수 있는
저희들이 될 수 있도록 도와주시옵소서.

예수님의 이름 받들어 기도 드리옵나이다.
아멘.

6. 유다이모니아(Eudaimonia) 그리스도와 함께

1993년 4월 11일

요한 1:14~18

말씀이 육신이 되어 우리 가운데 거하시매
우리가 그의 영광을 보니
아버지의 독생자의 영광이요,
은혜와 진리가 충만하더라.

이것이 요한복음 1장 14절인데, 요한복음 1장 1절의 "태초에 말씀이 계시니라. 이 말씀이 하나님과 함께 계셨으니 이 말씀은 곧 하나님이시니라"로부터 바로 지금 말한 14절로 연결되어도 아무런 문제가 없다. 그러니까 1절하고 14절이 말하자면 '요한복음의 핵심' 이라고 할 수 있다.

"말씀이 육신이 되어 우리 가운데 사셨다"라는 구절에서, 오늘이 부활절인데 "말씀이 육신이 되어"라는 말을 예수가 부활했다, 라는 뜻으로 이해해도 좋겠다. 예수가 부활해서 무엇이 되었는가 하면 육체가 되었다는 말이다. 그리고 "우리 가운데 사셨다." 그래서 우리들이 잘 아는, 바울과 제자들이 부활한 예수를 만나게 되는데, 고린도전서 15장 5절에서 8절을 보면, 5백 명이 넘는 형제들에게 보이셨다는 말이 나온다. 그다음에 성경에 보면, 예수께서 승천하여 하나님 우편에 앉으시니라는 말이 나오는데, "지금도 그리스도는 우리들 사이에 살아 계신다"라는 것이 진짜 부활을 의미하며 그렇게 믿는 것이 기독교 신앙의 핵심이라고 생각한다.

그래서 우리가 보통 "진리와 같이 산다"라는 말도 하지만 이 '진리'라는 것이 기독교에서는 단순히 하나의 추상적인 의미가 아니다. 이 '진리'가 구체화가 되어 우리에게 실제로 느껴지는 것이다. 소크라테스도 단순히 진리를 깨달았다는 것을 말한 것이 아니고 소크라테스에게는 언제나 진리가 실재實在가 되어, 진리가 소크라테스에게 말을 하는 것으로, 소크라테스가 언제나 이 진리의 말을 듣고 사는 것이다. 그래서 이것을 소크라테스는 '다이몬(Daemon)'이라고 했는데 행복이란 말을 '유다이모니아(eudaimonia)'라고 하며 '유'란 말은 '같이'라는 뜻으로 '다이모니아'하고 같이 있는 것처럼 행복한 것이 없다란 말이다. '다이모니아' 라는 말은 무엇인가 하면 하나님(신神)이란 말이다.

그러니까 '하나님과 같이' 라는 말이 '유다이모니아' 의 뜻인데 기독교에서는 이 말이 '임마누엘' 이다. '임마누' 가 '같이' 라는 말이고, '엘' 이 하나님이란 말이다.

물론 구약시대의 사람들은 '하나님과 같이' 이며 예수님도 '하나님과 같이' 이다. 그러니까 예수께서 한참 말하다가도 "지금 말한 것은 내 말이 아니고 하나님 말씀이다"라는 말을 자꾸 하게 되며, "하나님이 말씀하지 않으시면 나는 말하지 못 한다" 라든지, "하나님의 말씀을 듣고 나는 말한다"라는 예수의 말은 언제나 자기와 하나님께서 같이 함을 뜻하는데, 아까 요한복음 1절에 나오는 "말씀이 하나님과 함께 계셨으니"라는 말과 같은 뜻이 되는 것이다.

그런데 신약에 와서는 하나님 대신에 그리스도가 된다. 그래서 '임마누엘' 이란 말 대신에 '인 크라이스트(In Christ)' 라는 말을 쓰는데, 이것이 '그리스도 안에서' 라는 말이다. '그리스도 안에서' 라는 말이 '그리스도와 함께' 라는 뜻이 되는 것이다. 그러니까 '그리스도와 같이' 라는 말에서 우리는 늘 그리스도와 같이 산다, 라고 생각하는 것뿐만 아니라, '그리스도' 라는 것이 자꾸자꾸 실재화가 되어서 자기에게 나타난다, 라는 것이 되어야 한다. 그 나타난 것을 본 사람이 바울이다.

이렇게 구체적으로 실재화가 되는 것, 그것이 소위 신앙의 세계이다. 그러한 신앙의 세계를 곧 '미스틱(mystic)' 하다는 말로 하는 것으로 다시 말해서 신비한 세계가 되는 것이다. 그러니까 '로고스(Logos)' 만 가지고는 안 되고 '미토스(Mythos)' 라고 하는 것이 있어야 하는 것이다. 그러니까 이 '미토스' 의 세계, 즉 논리적으로 어떻게 할 수 없는, 요새말로 말하자면 '실존의 세계' 를 말하는데, 논리만 세상에 있는 것이 아니고, 논리가 통하지 않는 것도 세상에 있다는 말이다. 그것을 우리는 '실존의 세계' 라고 하는 것이다. 다른 말로 '실재의 세계' 라는 말이다. 이러한 세계는 논리가 통하지 않는 세계이다. 세상에는 빛만 있는 것이 아니다. 빛이 가 닿지 않는 세계도 있는 것이다. 우주의 끝에 가면 빛이라는 것이 없게 된다. 그런 곳도 있는 것이다. 그러니까 빛이 닿지 않는 세계, 빛만 갖고는 어떻게 할 수 없는 세계도 있는 것이다.

우리가 보통 그러한 것을 어디에서 많이 느끼는가 하면 사랑 속에서 많이 느끼는 것인데, 보통 상식적으로는 생각 안 되는 것이 사랑속에는 많이 있다. 특별히 '어머니의 사랑' 이라고 하면 보통 우리가 생각할 수 없는 일들이 많이 있다. 소녀 때는 그렇게 배 멀미하던 여자가 어린애를 낳게 되면 배 멀미를 안 하게 된다. 왜냐하면 어머니가 배 멀미를 하게 되면 어린애가 위험하게 되니까 어린애를 지키기 위해서 배 멀미를 안 하게 되는 것이다. 논리적으로는 통하지 않는 말이다. 그런데 이러한 것은 사실이다. 그러니까 세상에는 이치로는 맞지 않지만 사실인 것이 있다.

부활했다는 말도 논리적으로는 성립되지 않는 말이다. 그런데 사실은 있는 것을 보았다는 것이다. 그러니까 바울은 부활한 그리스도를 보았다고 하는데, 요새 사람이 본다면 미쳐서 그런 것이 아닌가 하겠지만 바울은 미친 것이 아니라 더 똑똑해진 것이다. 바울이 부활한 그리스도를 만나고 더 논리적이고 훌륭한 능력을 갖게 되는 것이다. 부활 후에 그리스도를 만나거나 보았다는 사람들이 자꾸 생기게 되었는데 그런 사람들은 모자라거나 미쳐서 그런 것이 아니고, 정신적으로 더 깬 사람들인 것이다.

불교로 말하자면 견성見性이라고 하는데, 무엇인지 모르지만 우리가 보지 못하는 세계를 보게 되는 것이다. 그것은 기독교에서만 그런 것이 아니라 불교에서도 관세음보살을 본다든가, 자성을 본다든가 하는 신비한 일이 있는 것이다. 불교에서는 법신法身, 응신應身, 화신化身이란 말을 쓰는데 그곳에서도 믿음 속에 들어가면 부처와 같이 있다는 말을 하게 된다. 그러니까 어디에서나 같이 있다는 생각, 곧 '임마누엘'이라는 생각이 없이는 종교라는 것이 성립 될 수가 없다.

나도 여러 번 말한 바와 같이 35살 되던 때 3월 17일의 경험 후에는 언제나 그리스도와 같이 있다는 생각을 하게 된다. 또 생각뿐 아니라 나에게 그리스도가 나타나는 것이다. 내가 조금 잘못 생각하거나 잘못하게 되면 강하게 나를 가로막는 힘을 느끼게 된다.

소크라테스도 마찬가지다. 다이몬이 나와서 자기가 잘못 가려고 하면 강하게 막는다고 했다. 그래서 마지막 죽을 때에도 "오늘 내가 사형을 받으러 재판장에 가는데 다이몬이 막지 않는 것을 보니까 내가 죽는 것이 옳은 것이다. 만일 옳지 않다면 다이몬이 막았을 것인데 다이몬이 막지 않는 것을 보면 이것은 하나님(신神)의 뜻이다." 그런 말을 하고는 가서 결국 죽게 된다. 예수도 십자가에 달리면서 "이것은 하나님의 뜻이다. 만일 하나님의 뜻이 아니라면 하나님께서 막을 터인데 막지 않는 것을 보면 하나님의 뜻이다"라고 말하였다. 그런데 그것이 곧 양심의 소리가 아닌가, 라는 의문을 제기할 수 있겠지만 그것은 보통 양심의 소리는 아니고, 더 강한 어떤 힘을 느끼게 하는 실재의 소리이다. 하이데거의 말에 의하면 존재의 소리가 들린다고 했는데 그냥 양심의 소리라든지, 나의 생각이라든지 하는 것보다는 좀 더 강한 실재의 소리가 되는 것이다.

내가 35살의 체험 후에 12년을 정하고 한 끼 먹기를 시작할 때 다른 사람들은 나를 보고 저 사람은 왜 한 끼만 먹는가 했지만 나로서는 그리스도가 나에게 한 끼 먹으라고 해서 한 끼를 먹은 것이다. 그러니까 힘이 들어도 한 끼를 먹어야 하는 것이다.

그런데 어떤 때는 밥을 한 끼 더 먹고 싶을 때가 있어서 그리스도에게는 미안한 일이지만 한 끼 더 먹는 때도 있었는데 먹은 후에는 보통 괴로운 일이 아니었다. 다른 사람들은 그것이 신경쇠약이라고 하겠지만 나에게는 가슴만 아픈 것이 아니라 온몸이 아프게 되는 것이었다. 그래서 나는 그리스도께서 나에게 벌을 주시는구나, 라는 것을 깊이 느끼게 되었다. 그리고 언제나 그리스도가 나와 같이 있다, 그래서 조금이라도 내가 잘못하면 벌을 받게 된다는 생각을 하게 되었다. 그러다가 또 먹는 욕심 때문에 어기는 때가 있으면 반드시 심하게 고통을 받게 되었다.

어떤 때는 나도 신경쇠약이 아닐까 하는 생각도 해 보았고, 왜 나는 밥 한 그릇 더 먹는다고 이렇게 아파야 할까, 마음만 아픈 게 아니고 온몸이 이렇게 아플까라는 생각도 해 보았지만 결국 이것이 그리스도가 나를 위해서 주는 채찍이라는 결론에 도달하는데, 이러한 것이 나에게 실제로 느껴지는 것이지 짐작이나 생각하고는 다른 어떤 것이 있는 것이다. 무엇인지 이 신앙의 세계에는 나 이외의 어떤 절대자가 나와 같이 계시다는 것을 느끼게 되고, 또 그러한 것을 믿지 않을 수 없게 된다. 그것을 믿어야 신앙이지, 그러한 것을 믿지 않고는 신앙이라고 할 수가 없다.

그러니까 부활이란 그리스도가 나와 함께 살아 있다는 것을 느끼고 사는 것이 부활이지, 예수가 2천 년 전에 십자가에서 죽었다가 무덤에서 다시 살아났다는 것을 의미하는 것은 아니다.

만일 불교도라면 나는 언제나 부처님과 함께 산다, 라는 것이 있어야지, 부처와 자기를 따로 생각한다면 불교도라 할 수가 없다. 마찬가지로 기독교인이라면 언제나 그리스도가 나와 함께 살아있다, 같이 있다, 동행한다는 그런 느낌이라고 해도 좋고, 감정이라고 해도 좋은, 어떤 로고스가 아닌 리얼리티, 즉 실재감을 갖고 살아야 한다. 그런 것이 없다면 힘이 어디에서 나오겠는가. 힘이 나온다면 그러한 리얼리티에서 힘이 나오는 것이지 그런 리얼리티가 없다면 어디서 힘이 나오겠는가.

붓글씨를 쓸 때에도 마찬가지다. 열심히 붓글씨를 써나가다가 언젠가 써 놓은 글씨를 보고 "야, 정말 멋있다. 이것은 내가 쓴 것이 아니고 신神이 쓴 것이다"라는 느낌을 갖게 되어야 서도書道에 통한 것이 되지, 그런 것이 없다면 서도랄 것도 없다. 그래서 붓글씨를 써나가다가 보면 어떤 때는 아무리 써도 잘 안 되지만 어떤 때는 멋있게 잘 써질 때도 있게 되는데 그렇게 잘 써질 때는 자기가 쓰는 것이 아니라 신이 쓰는 것이라는 생각이 들 때가 있다. 신이 쓰는 글씨라는 느낌이 들면 자신이 생기는 것이다. 이런 글씨라면 어디에 내어놓아도 문제가 없다는 자신이 생기는 것이다. 내가 썼다, 란 생각이 든다면 아직도 부족한 것이다. 신이 썼다든지, 법法이 썼다든지 하여튼 나 이상의 어떤 존재가 나에게 강요하는 어떤 느낌을 갖게 되어야지, 그런 것이 없다면 예도藝道에 통했다고 할 수 없다. 그러한 것이 있어야 예술의 세계라 할 수 있다.

과학도 마찬가지이다. 발명을 하고 발견을 하는 것도 반드시 나 이상의 어떤 힘이 작용하는 느낌을 갖게 되어야 가능한 것이지 그런 것이 없이는 발명과 발견이란 것도 있을 수 없다. 어떤 분야나 마찬가지다. 그러한 세계에 도달했을 때 참된 삶이라고 할 수 있지, 그러한 세계를 맛 볼 수 없다면 삶이라고 할 것도 없다.

그래서 부활이란 것도 2천 년 전의 사실이 아니라 오늘 그리스도가 나와 같이 살아 계신다는 것을 느끼고 살 때 그것이 부활이지 그렇지 않다면 부활이 나하고 아무런 상관이 없게 되는 것이다. 부활이란 것은 하나의 리얼리티이다. 실재가 되어야 하는 것이다. 그러한 실재가 나하고 상관이 있어야 하는 것이다. 남이 무엇이라 하던 문제가 안 된다.

붓글씨를 쓸 때에도 쓰고 나서 보니 신이 썼다는 느낌을 갖게 될 때 힘이 나게 된다. '임마누엘'의 '엘'이란 말이 바로 힘이란 말이다. "엘리 엘리 라마 사박다니"에서 "엘리 엘리"라는 말이 "힘이여, 힘이여"라는 말로서 "힘이여, 힘이여. 어찌 나를 버리시나이까"라는 말이 된다. 그러니까 이 힘이란, 로고스의 세계가 아니라 미토스의 세계이다. 이 힘의 세계는 우리가 논리적으로 어떻게 할 수 있는 세계가 아니다.

사랑이란 것도 힘의 세계이다. 그러한 힘의 세계는 이론을 가지고 어떻게 할 수 있는 세계가 아닌 것이다. 그것은 이론을 넘어선 세계이다. 그러니까 사람에게는 아는 것도 중요하지만 힘이 더 중요하다. 에너지가 중요한 것이다. 이 에너지가 없으면 안 되는 것이다.

우리가 신경神經이라고 할 때 신神은 하나님이고, 경經은 성경이라고 나누어서 생각해 보기로 하자. 그런데 이 신경이 무엇인지 잘 알지 못한다. 그렇지만 이 신경에서 힘이 나오는 것이다.

나도 예전에 한번은 테니스를 치다가 팔목을 삐끗한 적이 있었는데 손을 움직이기가 힘들었다. 신경을 다친 것이다. 그러고 나서 그 손을 제대로 움직이는데 반년이란 시간이 걸린 적이 있었다. 한번은 겨울방학 때 도봉산에 올라갔다가 다리의 신경을 다친 적이 있는데 한 동안 다리를 절어야 하는 때도 있었다. 다리에 힘이 없어서 바로 걸을 수가 없다. 그렇게 힘이라는 것이 중요하다. 그 힘이 신경에서 나오는 것이다.

마찬가지로 힘은 어디에서 나오는가 하면 바로 하나님에게 있는 것이다. 그래서 '임마누엘' 이란 말은 힘과 같이 있다는 말이다. 그러니까 그리스도와 같이 있지 않다면 힘이 생길 수가 없다. 내가 12년을 한 끼 먹겠다고 하는 힘이 어디에서 나오는가 하면 그리스도가 나를 지켜보고 계신다는 것에서 나오는 것이다. 그것이 없다면 내가 어떻게 한 끼만 먹고 지낼 수 있었겠는가. 어떤 때는 배가 고파 내일이면 죽을 것 같은 날도 있었는데 그래도 하나님, 오늘까지 살게 해주셔서 감사합니다, 라고 기도하고 잔 적도 있었다.

물론 그리스도와의 약속이라고 할 수도 있겠지만 약속이라면 내 의지가 들어가 있는 것이니까 약속이라기보다는 그리스도의 뜻이라고 생각한다. 내가 하는 것이 아니라 그리스도께서 하신다. 그러니까 내일 죽어도 좋은 것이다. 그리스도께서 하시는 것이니까 나는 그리스도의 뜻에 맡기는 것이다. 그래서 힘의 원천을 우리가 붙잡는 것이다. 그리스도가 살아 계시며 그리스도가 나와 같이 계신다는 것이 현실화가 되어야 한다. 리얼리티가 되어야 한다. 그러한 느낌, 혹은 느낌보다 강한 어떤 것을 실제로 갖게 될 때 힘을 얻게 된다.

그리스도가 "육체가 되어 우리들 사이에 살아" 계시며, 힘의 원천이 살아 계신다는 것을 느끼며 사는 것이다. "우리는 그의 영광을 몸소 보는데 이르렀고" 부활하신 예수의 영광을 보았고, 그것이 "아버지의 독생자의 영광"이었다. 그것은 곧 아버지의 영광이다. 그래서 '임마누엘' 이나 '그리스도와 함께' 나 같은 말이 되는 것이다. "그 영광은 은혜와 진리에 차 있었던 것이다." 영광은 은혜와 진리에 차 있다. 쉽게 말하면 자비와 진실이라고 해도 좋다. 언제나 그 속에는 자비가 있고 진실이 있다. 리얼리티라는 것이 그것이다. 자비와 진실이다.[1]

요한이 그에 대하여 증언하여 외쳐 이르되
내가 전에 말하기를 내 뒤에 오시는 이가
나보다 앞선 것은 나보다 먼저 계심이라 한 것이
이 사람을 가리킴이라 하니라.
우리가 다 그의 충만한 데서 받으니
은혜 위에 은혜러라.

힘이 어디에서 나오는가. 우리는 그리스도에게서 힘을 받는다는 말이다. 불교인은 부처님에게서 힘을 받겠지만 예수 믿는 사람들은 그리스도에게서 힘을 얻는다.

율법은 모세로 말미암아 주어진 것이요,
은혜와 진리는 예수 그리스도로 말미암아 온 것이라.

은혜와 진리는 예수로부터 나오는 것이다. 힘의 근원이 어디인가 하면 그리스도로부터인 것이다.

본래 하나님을 본 사람이 없으되,
아버지 품속에 있는

1. 고병려(1987), p. 9 참조.

독생하신 하나님이 나타내셨느니라.

그리스도는 누구인가. 아버지의 독생자이다. 그것을 우리가 믿는 것이다. 그러니까 그리스도가 곧 하나님이다. 둘이 다름이 없는 것이다. 하나님이라고 하거나 그리스도라고 하거나 다름이 없다. 그러니까 우리가 하나님과 같이 있다고 하거나, 그리스도와 같이 있다고 하거나 같은 것인데, 나에게는 그리스도와 같이 있다, 라고 하게 된다. 물론 진리와 같이 있다고 해도 좋겠지만 그리스도인이라고 하는 사람들은 결국 그리스도와 같이 있다, 라고 느끼게 되는 것이다. 그래서 같이 있다란 말이 '임마누엘' 또는 '그리스도 안에서'라는 말인데 결국 나와 함께 살아 계신다는 뜻이다. 살아 있으니까 같이 있는 것이다.

어떤 사람이 예수에게 부활이 어떤 것인가 묻는 것이 마태복음 22장 24절에서 33절에 나오는데, 예수께서 대답하기를 너희들은 부활에 대해 잘못 생각을 하고 있다, 란 말을 하고, 하나님은 아브라함의 하나님이요, 이삭의 하나님이요, 야곱의 하나님이다. 하나님은 죽은 자의 하나님이 아니요, 산 자의 하나님이다, 란 말이 나오는데 하나님은 산 자의 하나님이지, 죽은 자의 하나님이 아니다.

이런 구절을 읽어보고 예수가 하고 싶은 말이 무엇인지 깊이 생각해 보면 하나님은 언제나 산 자의 하나님이지, 죽은 자의 하나님이 아니라는 것을 알 수 있게 된다. 그러니까 삶의 힘이란 것이 어디에서부터 오는가 하면 하나님께로부터 오는 것이다. 그래서 그 힘을 받아 가지고 산 사람, 그 사람이 아브라함이요, 이삭이요, 야곱이었다, 란 말이다.

다시 말하면 하나님과 같이 산 사람들이었다. 아브라함도 하나님과 같이 살았고, 이삭도 하나님과 같이 살았고, 야곱도 같이 살았고, 모세도 하나님과 언제나 같이 산 사람들이었다. 그래서 하나님과 같이 사는 사람들, 그것을 우리가 부활이라고 알아야지, 죽었다가 땅속에서 다시 살아 나오는 것이 부활이라고 생각하면 오해란 말이다. 예수도 하나님과 같이 산 사람이었다. 같이 살기 때문에 살아도 같이 살고, 죽어도 같이 살고, 언제나 같이 살게 되는 것이다.

예수는 생사를 초월한 사람이지 생사에 얽매여서 더 오래 살겠다든가, 죽지 않겠다든가 하는 사람이 아니다. 우리가 이런 것을 깊이 생각해 보면 부활이란 것이 2천 년 전의 일이 아니며 지금 바로 우리의 문제인 것을 알 수 있게 된다. 그렇게 부활을 믿을 수 있어야 크리스천이라 할 수 있고 또 그렇게 되어야 힘을 얻을 수 있게 되는 것이다. 그러니까 크리스천이란 무엇인가. 힘이 있는 사람이란 말이다. 힘이 없으면 크리스천이 아니다. 우리가 예수를 왜 믿나. 힘을 얻자는 것이다. 부활에 대해 아무리 많이 안들 무엇하겠는가. 박사가 된들 무엇하겠는가.

문제는 힘을 얻자는 것이다. 그래서 힘 있게 살자는 것이다.

결국 아브라함이니 이삭이니 야곱은 어떤 사람들인가 하면 올바르게 산 사람들이란 말이다. 올바르게 산 사람들이니까 하나님께서 같이 하시지 올바르지 않은 사람들에게 하나님이 같이 하실 리가 없다. 의인義人은 언제나 하늘나라에서 그 얼굴이 태양처럼 빛나더라 하는 말이 성경에 나오는데 아브라함이나 이삭이나 야곱은 다 올바른 사람(의인義人)인 것이다. 예수는 의를 위해서 십자가를 지셨는데 그 사람도 태양처럼 빛나게 되는 것이다. 누가복음 24장 26절에 보면 "그리스도가 이런 고난을 받고 자기의 영광에 들어가야 할 것이 아니냐"란 말이 나오는데 의인은 언제나 영광을 받고 사는 것이 당연하다는 말이다.

아브라함도 이삭도 야곱도 다 의인이다. 그 사람들도 다 부활한 사람들이지 땅속에 들어가 죽은 사람들이 아니다. 그러니까 정의正義의 의義라고 하는 것은 절대 썩지 않는 것이다. 정의는 살아있다, 라는 의에 대한 강한 신앙을 빼놓는다면 기독교라는 것은 의미가 없다.

힘은 어디에서 나오는가. 요전에도 말했듯이 정직正直에서 나오지 어디에서 나오겠는가. 그래서 부활이라고 할 때에는 언제나 정의가 같이 있는 것이다. 정의를 빼놓고는 부활이란 것도 없다. 내가 한 끼를 왜 먹는가 하면 한번 바로 살아 보자고 한 끼만 먹는 것이지 다른 이유는 없다. 그럴 때 그리스도가 나하고 같이 있게 되는 것이다. 그러니까 올바름(정의)이 있어야지, 그러한 것이 없다면 아무것도 아닌 것이다.

기 도

오늘도
저희들에게 건강을 허락하시고
우리가 한 자리에 모여서
당신의 말씀을 생각하는
시간을 갖게 됨을
감사드립니다.

언제나 당신께서 같이 하셔서
저희들의 마음 문을 열어 주시고
저희들로 하여금 아버지를 볼 수 있는
그런 기회를 아버지께서
허락하여 주시옵소서.

그래서 이 땅에 살아갈 때
참기쁨을 느끼며 살아 갈 수 있는
저희들이 될 수 있도록 인도하여 주시옵소서.

예수님의 이름 받들어 기도 드리옵나이다.
아멘.

7. 하나님의 어린 양

1993년 4월 18일

요한 1:19~34

예수의 선구자로서 세례 요한이 나타났는데 그것은 마태복음, 누가복음 등에도 다 나오는 이야기이다. 그런데 요한이란 사람은 언제나 정의, 도덕으로 대표되는 사람이었다. 다시 말해서 세상을 바로 잡아 보자고 애쓴 사람이었다.

유대인들이 예루살렘에서 제사장들과 레위인들을
요한에게 보내어 네가 누구냐 물을 때에
요한의 증언이 이러하니라.
요한이 드러내어 말하고
숨기지 아니하니 드러내어 하는 말이
나는 그리스도(메시아)가 아니라 한 대,

여기서 메시아란 말은 왕이란 뜻이다.[1] 그러니까 나는 유대 나라의 왕이 될 사람은 아니다, 란 말이다.

또 묻되 그러면 누구냐. 네가 엘리야냐
이르되 나는 아니라
또 묻되 네가 그 선지자냐
대답하되 아니라.

엘리야라는 사람은 메시아가 오기 전에 엘리야가 나타난다는 것이 유대인들의 전설이었다. 엘리야는 선지자 가운데 최고의 선지자였다. 요한이 나는 그가 아니다, 라고 대답하였다. 그들이, 그러면 당신은 그 선지자인가, 라고 물었을 때에도 물론 아니다, 라고 대답하였다. 그 선지자인가는 어떤 선지자를 말하는지 확실치 않다. 메시아의 길을 예비하는 엘리야가 아닌 다른 어떤 선지자가 아닌가라는 뜻으로 생각할 수 있다.

또 말하되 누구냐. 우리를 보낸 이들에게 대답하게 하라.
너는 네게 대하여 무엇이라 하느냐.
이르되 나는 선지자 이사야의 말과 같이
주의 길을 곧게 하라고
광야에서 외치는 자의 소리로라 하니라.

주의 길을 곧게 하라고, 라는 말은 우선 이 세상을 바로 잡으라고, 라는 말이다. 새집을 짓기 전에 반드시 헌집을 헐어버

---

1. 고병려(1987), p. 9. 이 책에서는 〈메시아〉로 번역 되어 있음.

리고 터를 고르는 것과 마찬가지다. 새 나라를 만들기 위해서는 썩은 나라를 청산해야 한다. 과거의 잘못된 부정과 부패를 척결하고 바로 잡아야 하는 것이다. 그런 역할을 하기 위해서 요한이 이 세상에 왔다는 말이다.

그들은 바리새인들이 보낸 자라.
또 물어 이르되 네가 만일 그리스도도 아니요
엘리야도 아니요 그 선지자도 아닐진대
어찌하여 세례를 베푸느냐.

세례란 깨끗하게 한다는 말이다. 양심을 깨끗이 한다, 마음을 바로 잡는다는 뜻이나 마찬가지다.

요한이 대답하되 나는 물로 세례를 베풀거니와
너희 가운데 너희가 알지 못하는 한 사람이 섰으니
곧 내 뒤에 오시는 그이라.
나는 그의 신발 끈을 풀기도 감당하지 못하겠노라 하더라.

유대 나라에는 그 당시 노예가 있었는데 주인이 신발을 신을 때 신발의 끈을 매고 푸는 일을 노예가 했던 것 같다. 그러니까 요한은 새로 오시는 분에 비하면 노예만도 못한 사람이란 말이다.

이 일은 요한이 세례 베풀던 곳
요단 강 건너편 베다니에서 일어난 일이니라.

이튿날 요한이 예수께서 자기에게 나아오심을 보고 이르되
보라, 세상 죄를 지고 가는 하나님의 어린양이로다.

여기에 "하나님의 어린 양"이란 말이 나오는데, 아브라함이 아들인 이삭을 하나님에게 제물로 바치려고 할 때 하나님의 사자使者가 말하기를 이삭에게 손을 대지 말라고 하여 아들 대신 옆에 있던 어린 숫양을 가져다가 번제燔祭로 드렸다는 이야기가 창세기에 나온다. 그래서 이삭이란 사람 대신 양이 제물이 되었다는 것에서 속죄라는 뜻이 되는 것이다. 이삭이 결국 유대나라 즉 이스라엘 민족을 대신해서 죽는 속죄양이 된다고 생각할 수 있고, 더 확대하면 인류를 대신해서 죽는다는 속죄양의 사상이 여기에서 나왔다고 생각할 수 있다. 그러니까 기독교의 십자가라고 하는 사상이 여기서 나오는 것이다. 다시 말해서 예수라는 사람이 인류를 대신해서 죽는 속죄양이다, 라는 뜻이다. 그래서 유월절의 희생 제물로 예수가 죽게 되는 것이다.

내가 전에 말하기를
내 뒤에 오는 사람이 있는데
나보다 앞선 것은
그가 나보다 먼저 계심이라 한 것이
이 사람을 가리킴이라.
나도 그를 알지 못하였으나
내가 와서 물로 세례를 베푸는 것은,
그를 이스라엘에 나타내려 함이라 하니라.

예수는 '나보다 먼저 계셨음' 즉 선재설을 말하며 요한이 예수의 길을 예비하기 위해서 세례를 주고 있다는 말이다.

요한이 또 증언하여 이르되 내가 보매
성령이 비둘기같이 하늘로부터 내려와서
그의 위에 머물렀더라.
나도 그를 알지 못하였으나
나를 보내어 물로 세례를 베풀라 하신
그이가 나에게 말씀하시되
성령이 내려서 누구 위에든지 머무는 것을 보거든,
그가 곧 성령으로 세례를 베푸는 이인 줄 알라 하셨기에,

마태복음에도 요한이 예수께 세례를 줄 때 성령이 비둘기 같이 내려 왔다는 말이 나오는데, 여기에 기독교의 비둘기라는 심볼(Symbol)이 나온다. 로마의 성 베드로 사원에 가면 아마 세계에서 제일 큰 비둘기 상이 하늘에서 내려오는 모습으로 조각되어 있다.

내가 보고
그가 하나님의 아들이심을
증언하였노라 하니라.

이러한 구절을 가만히 생각해 볼 때 "성령이 비둘기처럼 내려 왔다"는 것을 다른 사람들도 보았겠는가. 아마도 못 보았을 것이다. 오직 세례 요한만이 보았을 것이다.

또 위의 구절에서 나를 임명하신 그이가 하늘에서 나에게 말씀하셨다. 성령이 내려와 머무는 것을 보면 그 사람이 곧 메시아란 것을 네가 알아라, 라는 것을 보면 요한은 보는 것뿐만 아니라 듣기도 한 사람이란 것을 알 수 있다.

하나님의 말씀을 듣기도 하고 또 실제로 하나님을 보기도 하는 것, 이런 것은 우리의 상식으로는 알 수 없는 것이다. 어떻게 성령이 내려오는 것을 볼 수 있겠는가. 그런데 요한복음 3장 8절에 보면, "바람이 임의로 불매 네가 그 소리는 들어도 어디서 와서 어디로 가는지 알지 못하나니 성령으로 난 사람도 다 그러하니라"라는 구절이 나오는데, 나무가 흔들리는 것을 보고 바람이 부는 것을 알 수 있지 않느냐란 뜻으로 우리도 그 정도는 알 수 있다는 말이다. 이것이 소위 '증거'라는 것이다. "믿음은 바라는 것들의 실상이요, 보지 못하는 것들의 증거니"라는 말이 히브리서 11장 1절에 나오는데 여기의 '증거'라는 말이 그런 뜻이라고 생각하면 되겠다.

그러니까 세상에는 성령을 받은 사람들이 있으며, 우리는 그 성령을 볼 수는 없지만 성령을 받은 사람들을 통해서 성령이 있다는 것을 알 수가 있다. 예를 들어 예수께서 성령을 받았다고 되어 있는데, 예수가 성령을 받은 것을 보아, 성령이 있다는 것을 알 수가 있다는 말이다.

그리고 요한은 그 성령을 직접 보았다는 말이다. 직접 보았다는 말이 "바라는 것들의 실상이요"란 말로 실상을 본다는 말이다. 그리고 나무가 흔들리는 것을 보았다는 말이 "보지 못하는 것들의 증거니"라는 말이다. 우리가 이렇게 두 가지의 경우가 있다는 것을 알 수 있다. 실상을 보는 사람도 있고, 증거로 아는 사람도 있는 것이다.

요한은 성령의 실상을 보았는데, 마치 비둘기처럼 내려오는 것 같았다고 되어 있다. 나중에 예수를 만난 사람들이 예수를 보고 나서 "아, 이 사람은 성령을 받은 사람이다"라고 생각하게 되는데, 이것은 증거로 아는 사람이라고 할 수 있다. 이것이 히브리서 11장 1절의 '실상'과 '증거'를 뜻하는 것이라고 할 수 있는데, 요한은 이 두 가지를 다 경험하게 된 사람이라고 볼 수 있다.

철학에서는 이런 것을 이데아치온(ideation)이라고 하며, 사람에게는 이 두 가지의 능력을 다 가지고 있다고 보는데, 하나는 이성理性이고, 다른 하나는 오성悟性이다. 더 세밀하게 나눌 수도 있지만 옛날부터 보통 이렇게 두 가지로 크게 나누어 생각했다. 오성이라고 하면 우리가 현상세계를 보고 거기에 대한 법칙을 발견하거나 내용을 파악하는 것으로 보통 우리는 이것을 언더스탠드(understand, 견見)라는 말로 하는 것이다. 다시 말해서 이해한다는 말이다.

그런데 소크라테스나 플라톤, 아리스토텔레스 같은 철학자들은 이러한 오성 외에 또 하나의 이성이라고 하는 능력이 사람에게 있음을 말하였는데, 그것이 견見이 아닌 관觀이라는 말이다. 그래서 우리는 그것을 직관直觀이라는 말로 하는데 영어로는 인투이션(intuition)이란 말이다. 그러니까 다른 사람에게는 보이지 않지만 그 사람에게는 보이는 어떤 것을 말하는 것이다. 이러한 능력이 사람에게 있다고 철학에서는 주장한다.

우리가 양명학에서 나오는 양지良知라는 것도 바로 이 직관의 능력을 말한다고 할 수 있다. 그러나 주자朱子가 말하는 지知는 오성에 속하는 것이라고 볼 수 있다. 크게 보면 그렇다는 말이다. 그래서 왕양명은 천天과 일치한다는 말을 자꾸 쓰는데, 주자의 지는 견見을 말하는 것이라 할 수 있다. 사람에게는 이 두 가지의 능력이 다 있지만 너무 오성에만 치우치다 보니까 본래 갖고 있던 이성의 능력을 발휘하지 못한다고 볼 수 있다.

또 이러한 능력은 사람에게 뿐만 아니라 동물과 곤충까지도 다 갖고 있다고 생각하는 것이다. 그래서 칸트 같은 사람은 벌이 집을 지을 때 그 해가 가물 것으로 예상되면 벌은 나무의 밑둥지 부근에 집을 짓고, 비가 많이 오는 해는 나무의 높은 부분에다 집을 짓는다고 말한 적이 있다. 이것을 소위 '자연적 이성' 이라고 그러는데, 벌이 어떻게 5, 6개월 후를 내다 볼 수 있느냐는 것으로 정말 신비한 능력이라고 생각한다. 이렇게 우리 자연 속에는 우리의 생각만으로는 알 수 없는 신비한 능력을 가진 곤충이나 동물들을 수없이 발견할 수 있다.

전에도 몇 번 말한 적 있지만 유영모 선생의 아들이 양봉을 일생동안 해 왔는데, 양봉에 관한 책도 많이 읽고 연구하여 양봉의 전문가가 되어, 가끔 내가 방문하게 되면 벌에 대한 이야기를 자주 들려주곤 했다.

그런데 그 사람의 말에 의하면 벌 한 마리가 멀리 나가게 되면 30리까지 날아가서 꿀을 따온다고 한다. 그렇게 먼 곳까지 가서 꽃의 꿀을 따서 돌아오는데 어떤 때는 비가 내리게 되면 나무 잎사귀 밑에서 비를 피해 한주일을 쉴 때도 있다는 것이 학자들의 연구에 의해 밝혀졌다고 한다. 그렇게 한 주일을 쉬고 자신의 벌통으로 돌아오는데, 아무리 몇 만개의 똑같은 벌통이 있어도 다른 벌통으로 들어가는 경우가 없다고 한다. 그러니까 꼭 자신이 나온 벌통을 찾아들어 간다는 것이다.

더욱 신기한 것은 30리 바깥에서 꿀을 따 가지고 와서 자기 옆에 있는 벌에게 날개 짓으로 신호를 보내면 그 옆에 있던 벌이 날아가서 30리 바깥에 꿀을 땄던 그 꽃나무 위에 정확하게 도착한다는 것이다.

이것은 벌에 대한 연구를 한 학자들에 의해 알려진 사실로 사람들도 보통 집을 찾거나 길을 찾을 때 헤매는 경우가 많은데, 미물인 벌은 그 능력이 신비할 정도로 정확하다는 것이다.

칸트는 이런 것에 대해 관심을 갖고 굉장히 깊이 생각했다.

이렇게 자연에는 인간도 갖고 있지 못한 어떤 이지理知를 갖고 있는 것이다. 어떻게 벌이 30리 바깥에서 정확하게 자기의 벌통으로 돌아올 수 있으며, 또 신호를 받은 다른 벌이 그 넓은 곳의 꽃들 중에서 전에 벌이 있던 꽃을 어떻게 찾아갈 수 있겠는가. 그래서 칸트는 이러한 자연이 갖고 있는 신비한 능력에 대해 깊이 문제를 삼았으며, 그러한 능력이 자연 속에만 있는 것이 아니라 우리 인간 속에도 있을 것이 아닌가 하여 많은 생각을 하였던 것이다. 그러니까 결국은 그러한 능력을 사람만이 상실하고 있는 것이 아닌가, 라고 생각한 것이다. 그것이 본래적인 것의 상실이란 것이다. 그것을 회복만 한다면 사람도 자연과 같이 본래적인 능력을 갖게 될 것이 아닌가 하는 것이 칸트가 문제 삼은 것이었다.

칸트는 또 그 당시 스웨덴 사람으로 공학박사인 스웨덴버그란 사람에 대해 관심을 갖고 언급한 적이 있는데, 한번은 스웨덴버그가 영국의 런던에서 강의를 하게 되었는데 강의 도중에 강의를 갑자기 멈추고는 스웨덴 방향을 바라보며 말하기를, 지금 우리 옆집에 불이 나 타고 있는데 조금만 있으면 우리 집에까지 옮겨 붙을 것 같다고 하면서 서재에 있는 책들이 아깝다고 말하였다. 영국에서 스웨덴까지 거리가 얼마인가. 그 먼 거리를 마치 눈앞에 보면서 얘기하는 것처럼 말하는 것이었다. 그러다가 한참 후에 다시 말하기를, 다행히 바람이 반대 방향으로 불어 우리 집으로 옮겨 붙는 것은 면하게 되었다고 했다.

그곳에서 강의를 받고 있는 사람들 가운데에는 정부의 고위 관리도 있었는데, 그 관리가 곧 외무부에 연락해서 스웨덴에 있는 영국대사에게 바로 그 사실을 확인하도록 전령을 내렸다. 그랬더니 회신이 오기를, 스웨덴버그가 말한 그 시간에 불이 난 것이 사실이며 또한 바람의 방향이 바뀌어 다행히도 스웨덴버그의 집은 무사했다는 것이었다. 이러한 내용의 이야기가 칸트의 「영지자의 꿈」이란 논문 속에 나온다. 결국 사람들 속에도 벌이 30리 바깥을 내다 보듯이 그런 능력을 갖고 있는 것이 아닐까. 그러니까 스웨덴버그란 사람은 그러한 능력을 발휘할 수 있는 사람이 아니겠는가, 라는 이야기이다. 우리도 천리안이니 하는 말을 많이 하는데 천리 바깥도 내다본다는 말이다.

노자老子에 보면, 상무욕이관기묘常無欲以觀其妙라는 말이 나오는데, 언제나 욕심이 없는 사람은 그 묘함을 볼 수 있다는 말이다. 그 묘妙라는 것이 요새말로 하면 이데아치온이라고 하며, 이것을 현상학에서는 어떻게 말하는가 하면 본질직관本質直觀이라고 한다. 그래서 여기서 말하는 성령을 보았다든가 하는 것은 바로 이 본질직관을 말하는 것이다.

그러면 세례 요한이란 사람은 어떤 사람인가? 마태복음, 누가복음의 기사를 보면 세례 요한이란 사람은 한마디로 욕심이라고는 없는 사람이었다. 세례 요한은 어디서 살았는가 하면,

광야에 살면서 메뚜기와 석청을 먹고 살았으며 가정을 갖지 않고 혼자서 산 사람이었다. 옷도 낙타털로 만든 것 한 벌을 걸치고는 몇 십 년을 지낸 사람이었다. 그러니까 이 사람은 아무 욕심이 없는 사람이었다. 성경에 보면 마음이 깨끗한 자는 하나님을 볼 것이라 되어 있는데 이 사람이야말로 마음이 깨끗한 사람이었다. 그러니까 이 요한이란 사람은 본질직관을 할 수 있는 사람이 아니겠는가, 라고 생각하는 것이다. 이 요한이란 사람이야말로 마음에 한 점의 티도 없는 깨끗한 사람이라고 할 수 있다. 물론 그 당시 요한을 따르는 제자들도 많았지만 예수 앞에서는 자기를 신발 끈을 맬 자격도 없는 사람이라고 겸허하게 낮출 줄 아는 사람이었다. 쉽게 말하면 자기가 없는 사람이라고도 할 수 있다. 그는 바른말만 하다가 결국 목이 잘리고 만 사람이었다. 요한은 의인 가운데 가장 훌륭한 의인으로 예수도 말하기를 어머니가 낳은 사람 가운데 요한만큼 큰 자가 없다, 라고 하였다. 그것이 예수가 본 요한이었다.

그래서 후세 학자들은 예수도 요한의 제자 중에 하나가 아닌가, 라는 사람도 있었다. 또 어떻게 보면 제자라고 할 수도 있겠다. 그래서 요한은 그 당시 최고의 선생으로 그 일파를 '에쎄네파(Essene)' 라고 불렀다. 이 에쎄네라는 말은 결례潔禮라는 뜻으로, 마음을 깨끗이 하고 욕심 없이 사는 사람들이란 말이다. 그렇게 살아가게 되니까, 이런 사람들은 무엇을 볼 수 있는 능력도 갖게 될 수 있는 것이다.

다시 말해서 본래 인간이 가지고 있는 양지良知의 능력을 회복하고 사는 사람들이 아니겠는가. 왕양명도 30살쯤 되어 폐병이 걸렸는데, 이것을 낫게 하기 위해서 세속을 떠나 조용한 곳에서 요양을 하며 도교道敎의 수행을 열심히 한 적이 있었는데, 한번은 멀리 2, 30리 밖에 자기 친구들이 오는 것을 내어다 보게 되었다. 그래서 데리고 있던 종자에게 미리 가서 마중을 하게 한 적이 있었는데 그 종자가 나가 보니까 정말 20리가 넘는 먼 거리에 친구들이 오고 있었다. 그리하여 그 종자가 친구들에게 자기가 마중 나온 연유를 설명하니까 그 친구들이 양명이 드디어 도통을 하여 천리안을 갖게 되었구나, 라는 말을 했다는 일화가 있는데 이러한 이야기를 보면 양명도 그런 초능력을 발휘할 수 있었던 것으로 생각된다.

그러니까 사람들 속에는 이러한 신비한 것을 알 수 있는 능력을 갖고 있는데, 우리는 그만 상유욕이관기요常有欲以觀其徼가 되어 그러한 능력을 상실하고 만 것이다. 우리는 바깥세계만 보는 견見만 할 수 있지 관觀의 세계는 볼 수 없는 것이다. 그래서 이 견이냐, 관이냐의 차이인데, 언더스탠드(understand)냐, 인투이션(intuition)이냐를 말하는 것으로 사람에게는 이 두 가지 능력을 다 갖추고 있다고 보는 것이다. 이 인투이션 할 수 있는 능력이 나타나게 되면 우리도 다른 사람이 볼 수 없는 것을 보는 능력을 갖게 된다고 생각하는 것이다. 그러므로 여기에 세례 요한이 보았다는 것도 인투이션으로, 이데아치온으로 본 것을 말하는 것이라 할 수 있다.

오래 전부터 나는 밥을 한 끼 먹어 왔는데 밥을 한 끼 먹는다는 것은 곧 욕심을 제거하는 방법이라고 말할 수 있다. 사람에게 식욕이란 것이 굉장히 강한 욕심인데 금식을 하거나 한 끼를 먹게 되면 그러한 욕심을 크게 줄이는 일이 되는 것이다. 또한 밥을 한 끼 먹는다는 것은 나의 정신을 일깨우는 것이라고도 할 수 있다. 그런데 내가 처음 밥을 한 끼 먹는다고 하는 그 해에는 — 한 끼 먹기 시작한 것은 내가 35살 나던 9월 초하루부터였다 — 나에게 여러 가지 신비한 일이 많이 일어났다.

한 번은 어떤 수녀가 이대 앞을 거쳐 서강대 방향으로 걸어가던 중이었는데 하늘에서 빛이 눈부시게 내려 왔다고 한다. 수녀는 그 빛을 보고 신기하여 빛을 따라서 계속 가다보니 그 빛이 우리 집에서 멈추었다고 한다. 그래서 그 수녀가 우리 집으로 찾아들어 오게 됨을 이야기 한 적이 있었는데 그 빛을 본 사람은 그때 그 수녀밖에 없었다고 한다. 그러니까 그 수녀가 볼 수 있었던 것이 인투이션을 말하는 것이다. 다른 사람은 볼 수 없는 빛을 수녀는 보고 따라 온 것이다.

또 한 번은 역시 그 해에 성균관 대학 학생인 홍종복이란 사람과 이름은 기억나지 않지만 서울공대 학생 하나가 겨울방학 때인 2월 20일경 나를 찾아왔다. 그 당시에는 나는 연세대학에 나갈 때였는데 처음 학생들이 찾아 왔을 때에는 연세대 학생들이 온 것으로 생각했었다. 그날이 목요일이었는데, 마침 연세대에서 10시에 교수회의가 있어서 참석코자 학교에 가려고 했는데 이 두 학생이 찾아온 시각은 9시 30분경이었다. 그래서 오늘 내가 회의참석 관계로 바쁘니 이틀 후인 토요일 날 집으로 찾아오도록 두 학생에게 말했다. 토요일 날 정말 두 학생이 집을 찾아와서 자기들을 소개하는데 그때 연세대생들이 아닌 것을 알게 되었다. 그래서 나를 찾아온 이유를 물었더니, 그 대답이 다음과 같았다.

자기들은 정릉 감리교회의 주일학교 선생들인데 아이들을 가르치면서 언제나 마음에 걸리는 것은 무엇인가 하면 하나님에 대한 확신도 없이 아이들을 가르친다는 것이었다. 그래서 항상 자기들도 하나님을 볼 수 없을까 라는 생각을 많이 했다고 한다. 그러던 중 한번은 정릉 골짜기 안에 들어가 보름동안 금식기도를 하게 되었다고 한다.

어느 날 하루는 맑게 갠 날씨였는데 무지개가 떠 있는 것을 본 성균관대생인 홍군이 조금 떨어져서 금식기도를 하고 있던 서울대생을 찾아가서 아름다운 그 무지개를 가리키며 보라고 했더니 그 서울대생은 무지개가 보이지 않는다고 했다. 그러니까 성균관대생인 홍군에게는 무지개가 보이는데 서울대생은 그 무지개를 볼 수 없는 것이었다. 이것이 언더스탠드와 인투이션의 차이인 것이다.

그래서 그 홍군은 자기가 있던 곳으로 되돌아 와서는 성경을 읽으려고 하는데 누군가가 자기의 손을 붙잡고 어떤 구절을 가리키는 것이었다. 그 구절이 무엇인가 하면 마태복음 10장 20절인 "말하는 이는 너희가 아니라 너희 속에서 말씀하시는 이 곧 너희 아버지의 성령이시니라"라는 곳이었다. 그래서 그 홍군은 아, 나에게 성경을 가르쳐 주시는 이 분이 하나님의 성령이시구나, 라는 것을 깨닫게 되었다는 이야기이다. 이것이 "보지 못하는 것들의 증거"를 잡은 것이다. 그 일을 통해 성령이 계심을 확신하게 되었다고 한다.

그 후 그 두 사람은 대학 내에 깡패들을, 그 당시에 대학 내에는 학생깡패가 많은 시절이었는데, 교화하기 위해서 모든 노력을 기울였다고 한다. 그러던 중 홍종복이란 학생이 매일 새벽기도를 다니게 되었는데 하루는 기도하던 중에 어떤 사람이 무릎을 꿇고 앉아 기도하는 모습이 뚜렷하게 나타났는데 그러한 일이 3번씩이나 있게 되어 자신이 기도를 하면서 간절히 누구인지 알게 해 줄 것을 성령에게 묻게 되었다고 한다. 그래서 무엇인지 확실치 않았지만 두 마디의 말을 듣게 되었는데, 하나는 김 선생이란 말과 하나는 하나님의 아들이란 말이 들렸다고 한다.

그런 일이 있은 후 홍군은 그 사실을 자기 교회의 친구들에게 밝히고 기도 중에 본 사람의 인상에 대한 몽타쥬를 그려서 그 사람을 찾아다니기 시작했다고 한다. 그렇게 하여 나를 만난 주의 수요일 날 우리 집 앞의 구멍가게까지 오게 되었는데 그 구멍가게에서 김 선생을 찾으니까 그 주인이 김형석 선생 댁을 가르쳐 주었다고 한다. 그래서 김형석 선생을 찾아가 만났더니 자기가 기도 중에 본 사람이 아니었다고 한다. 그다음 날 목요일 다시 구멍가게를 찾아온 홍군 일행은 김형석 선생이 아님을 말하고 다른 김 선생님이 없는지 묻게 되었는데 그 구멍가게 주인이 김흥호 선생이란 분이 또 계시다 하여 결국 나를 만나게 된 것이며 만나본 결과 자신이 본 그 사람과 꼭 같은 분이라는 것이었다.

그래서 나는 홍군에게 묻기를 기도 중에 본 사람이 어떤 옷을 입고 있었느냐고 했더니 더블단추의 감색紺色 양복이었다고 해서 옷장에서 그 당시 내가 입던 감색 양복을 꺼내 보여 주었더니 바로 그 옷이라고 대답했다. 사실 나는 그 양복을 입고 교회에 가서 무릎을 꿇고 기도한 사실이 없을 뿐 아니라 더욱이 정릉교회에는 가본 적이 없었는데 어떻게 이런 일이 일어났을까 하고 신기하게 생각을 했다.

그 후부터 나는 신비한 일에 대해 부정하지 않게 되었다. 신비한 일이 있을 수 있는데 우리가 인투이션을 상실해서 볼 수 없는 것뿐이라고 생각하는 것이다. 우리는 언더스탠드만이 전부라고 알고 있지만 그렇지마는 않은 것이다. 그래서 아까 얘기한 홍군의 일처럼 보름동안 산에서 금식을 한다는 것은 쉬운 일이 아니며 욕심이 없는 사람이니까 가능하다고 생각할 수 있다. 그러니까 홍군이 무엇인가 신비한 것을 볼 수 있는 능력을 갖게 된 것이 아닌가 하고 생각하는 것이다.

그래서 나는 오늘 우리가 읽은 요한의 이야기도 다 옳다고 받아들이게 되지, 어떻게 그런 일이 있을 수 있는가 하고 의심하지 않게 된다. 역시 성령이 비둘기처럼 내려왔을 것이고, 그래서 아, 이 분이 그리스도이구나, 라는 것을 요한은 알았을 것이며, 나도 그것을 의심치 않고 믿게 되는 것이다.

기 도

주님께서 저희들을 사랑하시고
그리스도께서 저희들을 사랑하셔서
나를 위해서 자신의 몸을 바친 사실을
우리가 깊이 느낄 수 있도록 도와주시기 바라옵고,
우리도 언제나 주님을 위해서
자신을 바치는 삶이 될 수 있도록
도와주시옵소서.

당신께서는 저희들에게 모든 것을 주셨는데도
우리는 아무것도 받은 것이
없는 것처럼 생각하고 있습니다.

저희들이 하나님께서 모든 것을
주셨다는 것을 알고 믿을 수 있는
지혜를 허락하여 주시옵소서.

이 시간에도 당신께서 저희들과 함께 하셔서
저희 마음을 깨워 주시고
저희 귀를 열어 주시고
저희 눈을 뜨게 해주시기를 바라오며
예수님의 이름 받들어 기도 드리옵나이다.
아멘.

8. 예수의 참 제자

1993년 4월 25일

요한 1:35~51

또 이튿날 요한이 자기 제자 중 두 사람과 함께 섰다가 예수께서 거니심을 보고 말하되,

여기서 그 이튿날은 예수께서 세례를 받으신 그다음 날로 생각하면 되겠다. 세례 요한이 자기의 제자 두 사람과 함께 있을 때 예수께서 지나가는 것을 보게 되었다는 말이다.

보라, 하나님의 어린 양이로다.

여기서 말하는 "하나님의 어린 양"은 동양 식으로 말하면 '천자天子' 라는 말이다. '하나님의 아들' 이라는 뜻이다. 그것을 유대 식으로 표현하면 "하나님의 어린 양"이다. 또 다른 말로 하면 '성인聖人'이란 말이라고 할 수 있다. 동양에서는 자子를 붙이면 성인이란 말이 되어 공자孔子, 맹자孟子라고 부른다.

두 제자가 그의 말을 듣고 예수를 따르거늘,

세례 요한의 두 제자가 그의 말을 듣고 예수를 따라 나섰는데, 여기서 두 제자란 나중에 또 나오지만 이 요한복음을 쓴 요한하고 베드로의 동생인 안드레를 말하는데 그 당시 베드로, 요한, 안드레, 야곱 등은 모두 세례 요한을 따르는 제자들이었다. 그런데 나중에 예수의 제자들이 된 것이다. 마치 세례 요한이 맹자 같은 사람이라면 예수는 공자 같은 사람이어서 세례 요한이 더 큰 스승인 예수를 따르도록 했다고 생각할 수도 있다.

예수께서 돌이켜 그 따르는 것을 보시고
물어 이르시되 무엇을 구하느냐.
이르되 랍비여, 어디 계시오니까 하니,
(랍비는 번역하면 선생이라)

그 당시 세례 요한이 세례를 준 곳이 요단강 하류였다. 예수께서 40일간 금식기도를 한 곳이 광야인 사막을 말하는데, 그 당시에는 요단강 하류에서 사해死海에 이르는 곳에 동굴들이 많이 있어 사람들이 그러한 동굴에서 살았다고 생각할 수 있다.

지금도 사해문서死海文書라 하여 2, 3천 년 전에 사해부근에 있는 동굴 속에서 보던 책들이 많이 발견되고 있다. 그러니까 몇 천 년이 된 문서들이 비교적 깨끗한 상태로 요즘에 발견되고 있는데 건조한 사막 기후와 동굴 속이라는 감추어진 장소로 인해 조금도 훼손되지 않고 발견되고 있는 것이다. 그래서 그 당시에는 이러한 동굴 속에 사람들이 많이 살고 있었다고 여겨지며, 예수나 요한 같은 사람들도 이러한 동굴 속에 머물고 있었다고 생각할 수도 있다.

예수께서 이르시되 와서 보라.
그러므로 그들이 가서 계신 데를 보고
그날 함께 거하니 때가 열시쯤 되었더라.

예수께서 허락하여 예수가 사는 곳으로 따라가서 그곳에서 하룻밤을 자면서 예수의 얘기를 듣게 되었다는 말로, 그때 시간이 유대 시간으로 보면 오후 4시 경이었다.

요한의 말을 듣고 예수를 따르는 두 사람 중의 하나는
시몬 베드로의 형제 안드레라.

요한의 말을 듣고 예수를 따른 두 제자 중의 한 사람은 시몬 베드로의 동생 안드레였다. 아까 말한 바대로 한 사람은 이 요한복음을 쓴 요한이었고 또 한 사람은 시몬 베드로의 동생인 안드레였다.

> **그가 먼저 자기의 형제 시몬을 찾아 말하되**
> **우리가 메시아를 만났다 하고**
> **(메시아는 번역하면 그리스도라)**

동양식으로 말하면 '우리는 성인을 만났다'는 말이다. 이 메시아란 말은 다시 말하면 군君, 사師, 부父 일체를 메시아라고 할 수 있는데, 아버지는 집안의 어른이란 뜻이고, 임금은 나라의 어른이란 말이며, 스승은 세계의 어른이란 말이다. 그러니까 최고의 어른들이란 말로 우리말로 하면 성인聖人이란 말이다. 서양식으로 말하면 철인哲人이라고 할 수 있다.

이렇게 최고의 어른이란 말을 유대 사람은 메시아라고 하는데 그 뜻은 '기름 부음을 받은 자'라는 말로서 옛날에는 가장 큰 어른에게는 기름을 부어 인정하는 의식이 있었다. 마치 희랍시대에 올리브 잎사귀로 월계관을 만들어 경기의 우승자에 씌워 주듯이 최고의 사람에게 기름을 부어 인정하고 메시아라고 불렀다는 말이다. 그것이 희랍말로는 그리스도라는 말이다. 그러니까 메시아와 그리스도는 같은 말이다. 하나는 유대 말이고 하나는 희랍 말이다. 그 뜻이 최고의 인간, 최고의 스승이란 말로서, 세계의 문제를 해결해 줄 수 있는 능력을 가진 사람이다, 라는 뜻으로, 요새 말로는 구세주救世主라는 말을 쓰기도 한다.

인류의 문제를 해결해 줄 수 있는 주인이란 말이다. 나라로 말하면 만왕의 왕이고, 아버지로 말하면 만국의 아버지이고, 스승으로 말하면 세계의 스승이 되는 것이다. 그러니까 아버지라고 하거나 임금이라고 하거나 스승이라고 하거나 다 마찬가지다. 유대 사람들은 스승이란 말 대신에 선지자라는 말을 쓴다. 앞에 것을 미리 아는 사람이란 뜻이다. 다시 말해서 앞을 미리 내다보는 사람이란 말이다. 또 앞을 미리 내다보는 사람이라야 스승이라 할 수 있지 앞을 내다보지 못하는 사람은 스승이라고 할 수도 없다. 그래서 선지자, 예언자가 다 같은 뜻이라고 할 수 있다.

데리고 예수께로 오니
예수께서 보시고 이르시되
네가 요한의 아들 시몬이니
장차 게바라 하리라 하시니라.
(게바는 번역하면 베드로라)

안드레가 베드로를 예수에게 데려오게 되니, 예수께서 시몬 베드로가 요한의 아들임을 말했는데 그 당시 요한이란 이름은 유대 나라에서 아주 흔한 이름이었던 것 같다. '게바'는 아랍말로 반석이란 뜻이며 희랍말로는 베드로가 된다. 그 당시에는 희랍말도 유대어와 함께 많이 쓰던 때였다. 마치 우리가 외래어를 일상용어로 많이 쓰듯이 그 당시 희랍말도 외래어로 많이 사용하고 있었다.

마태복음 16장 18절에 보면 "또 내가 네게 이르노니 너는 베드로라. 내가 이 반석 위에 내 교회를 세우리니"라는 말이 나온다. 그러니까 베드로가 모든 제자들 중에 최고의 우두머리가 될 것이다, 란 말이다. 또 다른 뜻으로는 베드로가 하도 의지가 박약하니까 바위처럼 굳은 의지를 가지라는 뜻으로 별명을 지어 주었다고 생각할 수도 있다.

이튿날 예수께서 갈릴리로 나가려 하시다가

갈릴리는 사해에서 북쪽으로 약 삼백 리쯤 가면 나오는 호수의 이름이다. 그곳에서 다시 북쪽으로 약 170리 가면 헬몬 산이 나온다. 헬몬이란 말은 백두白頭란 말로서 언제나 눈이 덮여 있는 산이란 뜻이다. 그 높이가 2,800m가 조금 넘는다. 그러니까 이 유대 지방의 기후가, 석가가 살던 네팔의 기후와 흡사하다. 네팔도 남쪽에는 뜨거운 열대기후이고 북쪽은 설산雪山이라고 불리는 히말리야 산이 자리 잡고 있다. 앞은 뜨거운 열대이고 뒤는 차가운 눈이 덮여 있는 그런 기후 속에서 철학이 나옴직하다. 마치 형이하의 세계와 형이상의 세계가 대조를 이루고 있는 것과 같다. 예수도 그런 곳에서 살았다. 앞에는 죽음의 바다인 사해가 있고 뒤에는 흰 눈이 덮인 헬몬 산이 있었다. 찬물과 더운물이 부딪치는 곳에 물고기가 많듯이 모래사막과 흰 눈이 경계하고 있는 곳에 생각이 많을 수밖에 없다. 갈릴리가 그런 곳이다. 예수가 태어난 나사렛이란 곳은 갈릴리 호수에서 서쪽으로 약 100리쯤 되는 곳에 있다.

빌립을 만나 이르시되 나를 따르라 하시니
빌립은 안드레와 베드로와 한 동네 벳새다 사람이라.

벳새다는 요단강이 갈릴리 호수로 유입되는 어귀의 동북쪽에 위치한 어촌이며 가버나움도 근처에 있는 도시이다. 그러니까 빌립과 안드레나, 베드로는 다 벳새다 사람들이었다. 그런데 세례 요한을 따라서 사해 부근의 요단강까지 내려와 있었다.

빌립이 나다나엘을 찾아 이르되
모세가 율법에 기록하였고
여러 선지자가 기록한
그이를 우리가 만났으니,

모세와 모든 선지자들이 예언했던 최고의 인물을 만났다는 말이다.

요셉의 아들 나사렛 예수니라.

그 사람이 바로 나사렛 사람인 예수라는 말이다.

나다나엘이 이르되

나사렛에서 무슨 선한 것이 날 수 있느냐.
빌립이 이르되 와서 보라 하니라.

나사렛 같은 시골구석에서 어떻게 좋은 인물이 나오겠는가, 라고 나다나엘이 말했다.

예수께서 나다나엘이 자기에게 오는 것을 보시고
그를 가리켜 이르시되
보라, 이는 참으로 이스라엘 사람이라,
그 속에 간사한 것이 없도다.

나다나엘이란 사람이 진짜 유대 사람이다, 라고 예수께서 말씀하셨다. 조금도 속임이 없는 진짜 유대인이란 말이다.

나다나엘이 이르되 어떻게 나를 아시나이까?
예수께서 대답하여 이르시되 빌립이 너를 부르기 전에
네가 무화과나무 아래 있을 때에 보았노라.

무화과나무 밑에 있던 나다나엘을 보고서 참 이스라엘 사람임을 알게 되었다고 예수께서 대답하셨다.

나다나엘이 대답하되
랍비여, 당신은 하나님의 아들이시오,
당신은 이스라엘의 임금이로소이다.

나다나엘이 말하기를 당신은 정말 성인聖人이십니다. 진짜 철인哲人이십니다. 옛날에는 철인이 다 왕이 되었다. 철인이요, 왕이 또한 그리스도란 말이다.

예수께서 대답하여 이르시되,
내가 너를 무화과나무 아래에서 보았다 하므로 믿느냐,
이보다 더 큰일을 보리라.
또 이르시되 진실로 진실로 너희에게 이르노니,
하늘이 열리고 하나님의 사자들이 인자 위에
오르락 내리락 하는 것을 보리라 하시니라.

여기에 아주 중요한 얘기가 나온다. 우리는 개천절開天節이란 국경일이 있어 하늘이 열린 날로서 기념하는데 여기에서도 "하늘이 열리고"라는 말을 썼다.

"사람의 아들(인자)"은 예수가 자신을 가리키는 말이다. 다른 사람은 예수를 하나님의 아들이라고 하는데, 예수는 자신을 사람의 아들이라고 했다. 겸손해서 그렇게 말하는 것일 것이다. 남들이 자꾸 성인聖人이라고 부르지만 자신은 보잘 것 없는 사람이라고 생각하는 것이다.

"하늘이 열려져 하나님의 천사가 사람의 아들 위에 오르내리고 있는 것을 보리라"[1]라는 구절이 오늘 공부한 내용의 핵심이다.

아까 위의 구절에서 "와서 보라"라는 말을 빌립이 했는데 무엇을 보아야 하는가 하면, 하나님의 천사가 오르내리는 것을

1. 고병려(1987), p. 11

보아야 한다는 말이다. 많은 사람들이 예수를 만났지만 정말 하나님의 천사가 예수 위를 오르내리는 것을 본 사람은 없다. 마치 옛날 야곱이 돌베개를 베고 잘 적에 꿈에 하나님의 사자使者가 오르락내리락 했다는 얘기가 구약에 나오는데 유대인들은 누구나 다 아는 이야기다. 이것이 바로 비밀이다. 그렇지만 숨겨진 비밀은 아니다. 이런 것을 옛날사람들은 소위 '공연한 비밀'이라고 했다. 다시 말해서 오픈 되어 있는 비밀이란 말이다. 그것이 우리가 말하는 노하우(Know-How)라고 하는 것이다. 어디에나 있지만 우리는 못 보는 것이다.

여기에서도 마찬가지다. 이 사람들도 그것을 보아야 하는데 예수를 보고 철인이다, 성인이다 하는 정도의 것만 보았지, 그 속에 들어있는 비밀은 보지 못한 것이다. 일반 사람들이야 또 그렇다고 하더라도 여기 나오는 소위 제자라는 사람들은 그 속에 있는 비밀을 볼 수 있어야 하는 것이다. 그 비밀을 보지 못한다면 제자라 할 수도 없다. 소크라테스를 쫓아다닌 사람도 많았지만 소크라테스의 비밀을 본 사람은 플라톤이었다. 또 플라톤을 쫓아다닌 사람도 많았지만 플라톤의 비밀을 본 사람은 아리스토텔레스뿐이었다. 노하우를 본 사람, 그것이 정말 중요한 것이다.

결국 예수의 제자 중에서 그 비밀을 본 사람이 있는가, 라 했을 때 그렇다, 라고 대답하기가 정말 어렵다. 예수가 대단한 분이라는 것은 알았겠지만 예수의 비밀을 본 사람은 없는 것이다.

그러면 그것을 본 사람은 누구인가? 기독교에서는 바울이 보았다고 생각하는 것이다. 바울은 예수의 생전에 직접 만나지 못했지만 예수의 그 노하우를 알았다. 그것을 우리는 부활이라고 한다. 부활한 예수를 만난 것이다. 부활한 예수를 만났다는 말은 노하우를 알았다는 말이다.

그러면 공자의 제자는 공자를 보았는가? 못 보았다. 결국 공자를 본 사람은 맹자가 되는 것이다. 맹자는 공자보다 2백 년이나 늦게 나온 사람이었다. 그래도 공자의 비밀을 안 사람은 맹자이다. 그러니까 이런 것은 공자의 마음대로 되지 않는 것이다. 공자의 제자가 3천 명이나 되었고 그 가운데 똑똑하다고 하는 제자가 일흔 두 명이 있었고 또 그 가운데 정말 뛰어난 제자가 열 명이 있었지만 공자를 완전히 안 제자는 하나도 없었다고 할 수 있다. 그러나 정말 공자를 안 사람은 나중에 나온 맹자였다는 말이다. 그러니까 우리는 안다는 것이 얼마나 어려운 것인지를 알 수 있다.

그래서 중국의 손문孫文이란 사람은 지난행이知難行易라 하여, "아는 것이라는 것이 정말 어려운 것이다. 거기에 비해 행하는 것은 오히려 쉽다"라는 말을 했다.

우리가 여기에 나오는 성경구절을 읽어보아도 아는 것이 얼마나 어려운지 알 수 있는 것이다. 그래서 “하늘이 열려져 하나님의 천사가 오르내리는 것”을 보아야 그것이 진짜 아는 것인데 사람들은 전부 다 예수만 보고 갔지 그 천사가 오르내리는 것은 보지 못하였을 것이다. 그러니까 이 ‘아는 것’이라는 것이 얼마나 어려운지 알 수 있다. 법法을 보아야 하는데 그 법을 보지 못하는 것이다.

공자는 제자에 관해서 기자승어부其子勝於父라는 말로 표현했는데 그 뜻은 제자라는 사람은 선생보다도 더 뛰어나야 제자라 할 수 있다는 말이다. 그렇게 제자가 앞설 수 있어야 인류의 문화가 발전하는 것이지 그렇지 않으면 발전이라는 것이 있을 수 없다. 그러니까 문화를 발전시켜야 제자라 할 수 있다는 말이다.

예수를 더 발전시킨 사람, 그 사람이 바울이다. 다른 제자들은 더 이상 발전시킨 것이 별로 없다. 베드로니, 도마니 하는 제자들이 있었지만 예수를 더 발전시키지 못한 것이다. 선생을 더 발전시켜 나가는 사람, 그 사람이야말로 참 제자라 할 수 있다.

제 2 장

기독교의 본질

기 도

아름다운 꽃이 만발한 봄철이지만
날씨가 음산하여 많은 사람들이
어려움을 겪고 있습니다.

이럴 때를 당해서 저희들에게
건강을 허락하여 주시고
저희들의 정신을 깨우쳐서 정말 봄을 맞이하는
저희들이 될 수 있도록 도와주시고
종당에는 그리스도를 만날 수 있는
그런 경지에까지 갈 수 있도록
당신께서 도와주시옵소서.

우리가 그리스도를 통해서
하나님을 다시 한 번 생각할 수 있는
그런 시간이 될 수 있도록 도와주시옵소서.

오늘도 당신께서 같이 하셔서
우리들의 마음대로 하지 말게 하옵시고
당신의 뜻만을 받들 수 있게 해주셔서
당신께 영광을 돌릴 수 있는
시간이 될 수 있도록
도와주시옵소서.

예수님의 이름 받들어 기도 드립니다.
아멘.

9. 예수의 첫 번째 기적
종교의 핵심

1993년 5월 2일

요한 2:1~12

사흘째 되던 날 갈릴리 가나에 혼례가 있어,

여기서 사흘째 되던 날이란 예수께서 제자들과 함께 갈릴리로 향하여 길을 떠난 후 삼 일째 되는 날이란 뜻이다. 가나는 나사렛 동북쪽에 있는 갈릴리 지방의 한 작은 도시다.

예수의 어머니도 거기 계시고,
예수와 그 제자들도 혼례에 청함을 받았더니,

예수의 친척 되는 집에 결혼식이 있어 어머니와 제자들과 함께 참석하게 되었다.

포도주가 떨어진지라 예수의 어머니가 예수에게 이르되,
저들에게 포도주가 없다 하니,
예수께서 이르시되 여자여 나와 무슨 상관이 있나이까.
내 때가 아직 이르지 아니하였나이다.

이런 것을 보면 예수의 어머니는 예수가 특별한 능력을 가지고 있다는 것을 알고 있었던 것 같다. 예수께서는 아직 제가 나설 때가 아닙니다, 라고 대답하였다.

그의 어머니가 하인들에게 이르되
너희에게 무슨 말씀을 하시든지 그대로 하라 하니라.
거기에 유대인의 정결 예식을 따라
두세 통 드는 돌 항아리 여섯이 놓였는지라.

정결 예식이란 그 당시 유대인들은 외출하게 되면 사막지대여서 손발이 먼지에 더럽혀지기 쉬웠기 때문에 문밖 앞에 물독을 놓고, 집에 들어 올 때 손과 발을 물로 씻는 관습이 있었다. 두 세 통의 물은 약 2말(40리터) 정도의 용량을 말한다.

예수께서 그들에게 이르시되
항아리에 물을 채우라 하신즉 아귀까지 채우니
이제는 떠서 연회장(목대잡이)에게 갖다 주라 하시매

갖다 주었더니,

목대잡이[1]는 연회를 책임지고 있는 연회장을 가리킨다.

연회장은 물로 된 포도주를 맛보고도
어디서 났는지 알지 못하되 물 떠온 하인들은 알더라.
연회장이 신랑을 불러 말하되
사람마다 먼저 좋은 포도주를 내고 취한 후에 낮은 것을 내거늘
그대는 지금까지 좋은 포도주를 두었도다 하니라.
예수께서 이 첫 표적을 갈릴리 가나에서 행하여
그의 영광을 나타내시매 제자들이 그를 믿으니라.
그 후에 예수께서 그 어머니와 형제들과 제자들과 함께
가버나움으로 내려가셨으나
거기에 여러 날 계시지는 아니하시니라.

여기까지가 예수께서 물을 가지고 포도주를 만든 첫 번째 기적에 관한 이야기다. 물론 과학적으로는 말도 안 되는 소리지만 종교를 믿는 사람들은 이러한 사실에 대해 아무런 거부감 없이 그대로 받아들이게 된다. 이것이 종교의 특별한 점이라 할 수 있다. 왜냐하면 예수란 사람은 나와 같은 사람이 아니라 내가 상상할 수 없을 만큼 위대한 능력을 가진 존재라고 믿기 때문이다. 그러므로 믿음을 가진 사람들에게는 예수께서 물로써 포도주를 만든 사실에 대해서 무조건 그렇다, 라고 받아들이지 의심하거나 믿지 못해 하는 일은 없는 것이다. 그러니까 여기

1. 고병려(1987), p. 12

이 사실에 대한 성경말씀에 대해서도 더 설명할 것이 없다. 또 설명할 수도 없다.

여기 포도주로 변화한 사실을 갖고 포도주에 대해 좀 생각해 보기로 하자. 포도주는 포도를 밀봉하여 발효시키면 술이 되는데 이렇게 포도가 발효하여 포도주가 되면 아무리 오랜 세월이 지나가도 썩지 않게 된다. 나는 그것이 정말 신기하다고 생각한다. 그러니까 포도가 변하여 포도주가 되면 영원히 썩지 않는 영원한 생명이 된다는 사실이다.

포도가 변하여, 이 변화를 발효醱酵라 하여, 포도주가 되는데 공기 중에는 발효시킬 수 있는 균이 포함되어 있어 밀봉만 해 두면 저절로 포도주로 변하게 된다. 이때 중요한 것이 밀봉하는 것이다. 밀봉치 않고 두면 발효가 잘 안 되어 포도주로 변할 수 없게 된다.

우리 기독교에서는 언제나 영원한 생명을 문제 삼는데, 우리는 어떻게 하면 영원한 생명을 얻을 수 있는가가 언제나 문제가 된다. 이때 우리가 생각할 수 있는 것이 바로 이 포도는 어떻게 하면 포도주가 되는가, 라는 것이다. 그래서 종교라는 것은 언제나 이 변화라는 것을 강조하는데 그것이 종교의 핵심이라 할 수 있다. 종교가 어떤 사람에게 영향을 주었다, 라는 말은 종교가 그 사람을 변화시켰다는 말이다. 사람이 어떻게 하면 변화할 수 있는가, 그것이 종교의 핵심이다.

유교에서도 마찬가지다. 왕양명의 글에서도 어떻게 하면 유아지사有我之私와 물욕지폐物欲之蔽를 없이 할 수 있는가, 어떻게 하면 성인聖人이 될 수 있는가에 대해 논해 놓았다. 모든 종교가 다 그것이다. 어떻게 하면 변화될 수 있는가가 종교의 핵심이다. 양명은 이 문제에 대해 유정유일惟精惟一하여 윤집궐중允執厥中이 되어야 한다고 했다. 포도는 그냥 밀봉만 시키면 되는데 사람은 어떻게 해야 변화될 수 있을까, 그것이 문제인 것이다.

영어를 잘하려면 어떻게 해야 하는가. 미국이란 나라에 가서 사는 수밖에 없다. 미국에 가면 다 영어만 쓰니까 영어를 배우지 않을 수 없다. 그러니까 미국이란 나라에 보내어 밀봉시켜 놓으면 영어를 배우지 않을 수 없게 된다는 말이다. 무엇이든지 그 세계에 갖다 두어 밀봉하면, 그것을 우리는 밀봉교육이란 말을 쓰는데, 이렇게 밀봉교육을 통해서 변화시켜야지 다른 방법은 없는 것이다.

그러면 어떻게 밀봉을 해야 하는가. 그것에 대해서는 각자가 스스로 찾아야 한다. 여러 가지 방법 중에서도 가장 중요한 것은 자기를 변화시켜줄 선생을 만나는 일이다. 요전에도 말했듯이 부목맹구浮木盲龜라는 말이 있는데, 인도 사람들은 말하기를 사람으로 태어나는 것이 가장 중요하고, 그다음에 가장 중요한 것은 바로 선생을 만나는 것이라고 했다. 왜냐하면 선생을 만나지 못하면 다시 태어날 수 없기 때문이다. 사람은 한 번 태어나는 것도 중요하지만, 그것만으로는 안 되고, 다시 태어나는 것이 필요하다. 한 번 태어나는 것이 포도라면 다시 태어나는 것은 포도주라 할 수 있다. 그렇게 해야 영원한 생명이 되지, 그렇지 않으면 썩어 죽고 만다. 그래서 인도 사람들은 사람으로 태어나서 가장 중요한 것이 바로 선생을 만나는 것이라고 한다.

인도의 가장 유명한 철학을 '우파니샤드'라고 하는데 이 말의 뜻이 '선생님의 무릎 밑에 앉아서'라는 말이다. 다시 말해서 선생님을 만난다는 것이란 말이다. 마찬가지로 기독교라는 것도 그리스도를 만나는 것이라 할 수 있다. 그리스도란 누구인가. 선생이란 말이다. 그렇게 보면 다 같은 뜻을 가졌다고 볼 수 있다.

그런데 그 선생님을 만난다고 하는 것이 그렇게 쉽지 않다. 그것이 부목맹구浮木盲龜란 말의 뜻인데, 바다 밑 깊이 거북이가 살고 있었는데 너무 깊이 살다보니까 두 눈이 멀고 말았다. 맹구盲龜가 된 것이다. 그래서 거북이는 오래 동안 신에게 간절하게 기도를 드렸는데 신이 그 정성에 감복하여 눈을 하나 달아 주었는데 그곳이 배꼽이었다.

그런데 그 눈은 바다 밑에서는 아무 필요가 없어서 거북은 자꾸자꾸 높이 떠올라서 물의 표면에까지 도달하게 되었다. 물의 표면에서는 배꼽을 통해 아래쪽에 사는 해초와 물고기를 볼 수 있게 되었다. 그렇게 배꼽 눈을 갖고 바다 속을 보면서 살기를 천 년동안 지냈는데, 마침 그곳에 파선된 배에서 나와 떠다니는 나무 한 조각을 붙잡게 되었다. 그것이 천재일우千載一遇이다. 천 년 만에 겨우 만난 나무 조각 하나란 말이다.

이때 나무 조각이란 선생을 가리키는 말이다. 유대인들이 메시아를 몇 천 년 동안 기다리는 것도 같은 사상이라고 할 수 있다. 몇 천 년을 기다린다는 것이나, 천 년을 떠다니다가 나무 조각을 붙잡았다는 것이나 다 같은 생각이다. 그렇게 나무 조각을 붙잡고 또 얼마간을 지나다가 나무토막에 난 조그마한 구멍에 배꼽 눈이 딱 일치하게 되었다. 그 순간 그 거북은 자신의 배꼽 눈으로 구멍을 통해 비추이는 태양을 볼 수 있게 되었다. 그래서 태양빛을 보게 되었다는 말인데 이때 태양빛이란 말이 진리라는 뜻이다.

이것은 인도에서 나온 이야기인데 이와 비슷한 이야기가 플라톤의 『국가』란 책 속의 7장인 "동굴의 비유"이다. 그 내용은 똑같은 것이다. 그래서 그 태양빛을 본 거북은 자신이 살던 깊은 바다 속에 다시 내려가서 그 이야기를 전해주었다는 내용인데, 플라톤의 이야기도 같은 이야기이다. 이것이 부목맹구浮木盲龜, 천재일우千載一遇에 대한 이야기다. 그러니까 넓은 태평양과 같은 바다에서 나무 조각 하나 찾는 것이 어렵듯이, 한없이 넓고 긴 우리 인생에서 자신에게 진리를 보게 해 줄 선생을 하나 만난다는 것이 정말 어려운 것이란 말이다.

그런데 그 선생을 만나서도 자신의 성의誠意와 선생의 정심正心이 하나가 된다고 하는 것, 그것 또한 어려운 것이다. 어제 내가 유영모 선생의 기념모임에 가서 성의 정심이 되는데 꼭 6년이 걸렸다는 말을 사람들에게 했는데 이렇게 성의 정심이 되는 것도 어려운 것이다. 석가도 6년 고행이다. 진리를 깨닫는데 6년이 걸렸다는 말이다. 그러니까 이 두 가지가 되어야 하는데 우선 만나는 것, 그것이 지知이고 그다음에 성의 정심이 일치되는 것, 그것이 행行이라는 것으로, 이것이 되어야 태양을 볼 수 있지 그렇지 않고는 태양을 볼 수가 없는 것이다. 이것에 대해 옛날부터 내려온 이야기가 바로 부목맹구 천재일우란 말들이다. 우선은 선생을 만나야 하고, 선생을 만나서는 선생의 법을 붙잡아야 한다.

그것이 불교에서 말하는 직지인심直指人心이요 견성성불見性成佛이다. 그렇게 되기까지는 시간이 걸리는 것이다. 우리말로 말하면 선생을 만나서 열심히 노력해서 배우는 것이라고 하면 되겠다. 그렇게 하는 것밖엔 길이 없다고 생각된다. 그렇게 오래 동안 노력해 나가다 보면 직지인심도 하게 되고 견성성불도 하게 되는 것이다.

병속에 포도를 집어넣는다는 것이 선생을 만난다는 말이고 밀봉시킨다는 것이 선생을 열심히 따라 다닌다는 것이다. 밀봉교육이라는 것이 그것이다. 선생이란 병마개로 밀봉을 시키는 것이다. 그리고는 그 속에서 발효가 되어야 한다. 밀봉과 발효가 없이는 영원한 생명이 될 수 없다.

맹자같은 사람은 이 지행일치라는 말 대신에 학이불염學而不厭 교이불권教而不倦이란 말을 했는데, 이것은 제자들이 공자에 대해서 물었을 때, 맹자가 이렇게 대답한 것으로, 그 뜻은 공자는 한마디로 열심히 공부한 사람이고, 열심히 가르친 사람이다, 란 것이다. 그러니까 어떻게 하면 우리가 밀봉시키고 발효될 수 있는가 하면 열심히 배우고(학이불염學而不厭), 또 열심히 가르친다는 것(교이불권教而不倦)밖에 없다는 말이다. 알고 나서 가르치는 것이 아니다. 가르치다가 보면 알게 되는 것이다. 그러니까 언제나 배우면 또 가르쳐야 한다. 가르치는 것이 배우는 것보다 더 많이 배우게 된다. 가르쳐 보면 이것을 깨닫게 된다. 대개는 배우면 그냥 끝나고 마는데 반드시 가르친다는 것이 필요하다.

나도 붓글씨를 난곡 선생에게 배웠는데 그것으로 끝났다면 다 잊어버리고 말았을 것이다. 그런데 내가 가르친다고 하다 보니까 자꾸 더 배우게 되는 것이다. 꼭 배우는 사람이 많을 필요도 없다. 단 한 사람이라도 배우려는 사람이 있으면 가르치는 것이다. 역시 사람은 배우고 가르쳐야 한다. 가르친다는 것을, 반드시 완전히 알고 가르쳐야 한다고 생각하는데 다 알고 가르친다는 것은 있을 수 없다. 노자에 보면 지자불언知者不言 언자부지言者不知라는 말이 있는데, 이 말은 아는 사람은 가르치지 않고, 가르치는 사람은 모르는 사람이란 말로서, 몰라서 가르치게 되지 다 알아서 가르치는 것은 아니다. 그래서 사람은 어느 정도 배우고서는 가르치도록 노력해야 한다. 그래서 가르쳐 보면 자꾸자꾸 자기가 배우게 된다는 것을 알게 된다. 우리는 자꾸 다 안 다음에 남을 가르쳐야 한다고 생각하는데 양명은 지행일치知行一致라 했다. 한편으로 배우면서 한편으로 가르쳐야 한다는 말이다. 다 안 다음에 가르치려면 죽기까지 가르칠 수 없는 것이다.

나는 교회에서 선생을 15살 때부터 시작했다. 그런데 지금까지도 가르치고 있다. 15살 때부터 무엇을 알아서 가르쳤나 하면 그것이 아니다. 알았다면 못했을 것이다. 지자불언知者不言이다. 영국의 언어 철학자 I. A. 리처즈(I. A. Richards, 1893~1979)는 자기의 언어철학이라는 책 『의미의 의미(The meaning of meaning)』 제1 페이지에 노자의 이 "지자불언知者不言, 언자부지言者不知"라는 말을 써 놓았다. 아마 그 사람도 노자의 이 말에 크게 감명을 받았던 것 같다. 그 사람이 책을 냈다는 것은 알아서 책을 낸 것이 아니다. 알려고 책을 냈다는 말이다. 그래서 우리는 언제나 배우면서도 배우고, 가르치면서도 배워야 하는 것이다. 이것이 생사일여生死一如라는 말과 같은 뜻이라고 생각한다. 그래서 계속 배워 나가는 것이다.

그러니까 교회 같은 데에서도 자꾸 사람을 많이 모이게 하려고 애쓸 필요가 없다. 한 사람이라도 배우려는 사람이 있으면 되는 것이다. 목사도 배우기 위해서 가르친다고 생각하면 꼭 많은 사람을 모을 필요가 없다. 한 사람이라도 배우는 사람이 있어서 그 사람을 상대로 자꾸 가르치다 보면 자기가 발전해 나가는 것이다. 사람이라고 하는 것은 생명이기 때문에 발전하는 것이고, 그것에 대해서 기쁨을 느끼게 마련인 것이다. 기쁨이란 발전에서 오는 것이다. 그래서 자기 자신을 머물게 하지 말고 자꾸 발전시켜 나가야 한다.

유영모 선생께서 능변여상能變如常이란 말을 했는데, 이 말은 자꾸 발전이 되어야 그만하지, 발전이 없다면 죽은 생명이 되고 만다는 뜻이다. 그래서 발전이 있기 위해서는 배우든지, 가르치든지 두 가지가 반드시 있어야 하는 것이다. 그렇게 하여 자꾸자꾸 발전해 나가다 보면 자신도 모르는 사이에 포도주가 되고 마는 것이다. 그래서 이 길만이 포도주가 되는 방법이라고 생각한다.

일본 같은 데에 보면 조그마한 집회를 집에서 갖는 경우가 많다. 홈 쳐치(Home church)라고 하여 서양에서도 그러한 모임을 갖는 그룹들이 많이 있다. 그래서 자기가 아는 만큼 열심히 가르치다 보면 오는 사람도 배움을 얻게 되어 좋겠지만 역시 제일 발전하는 것은 자기 자신이다. 여러분들께서도 하나씩 클라스(class)를 만들어 가르쳐 나가 보면 이러한 것을 더욱 깨달을 수 있을 것이다. 요즈음에는 좋은 책들도 많이 나오고 주석들도 잘 되어 있어 가르치는 좋은 재료로 삼을 수 있을 것이다.

우리가 잘 아는 마호멧이란 사람도 천사 가브리엘을 만나 계시를 받고 남을 가르치기 시작했는데, 처음에는 자기 아내와 집에 있는 하인과 자기 사촌동생에게만 가르치기 시작했는데, 이 세 사람에게만 3년이나 계속해서 가르치게 되었고, 그 이후가 되어서야 다른 사람들이 차츰 관심을 갖고 모여들어 13명의 제자가 생겼다는 일화가 있다.

나도 처음 이화대학에서 동양경전을 읽고서 남에게도 좀 알게 해주어야겠다고 생각하여 이화대학 선생들 가운데 관심 있는 네 사람과 함께 4년 동안 공부하기 시작했다.

사람이 자신의 정성을 다해 무엇인가 시작하게 되면 그에 호응하는 사람이 반드시 나타나게 된다. 여러분들도 이러한 생각을 갖고 적당한 시기를 정해 어떤 주제를 갖고 사람들을 가르치는 기회를 가질 수 있도록 해 보는 것이 좋을 것이라고 생각된다. 그것이 바로 포도가 포도주가 되는 길이라고 생각한다. 배우는 것이 포도라면 가르치는 것은 포도주이다, 라고 생각할 수 있다. 그래서 포도가 포도주가 되는 길은 배우고 가르치는 길밖에 없다, 라고 생각한다.

꼭 우리가 교회에 속해 있어야만 하는 것도 아니다. 각자가 다 교회를 만들어 나가면 되지, 반드시 신학대학을 졸업해야 교회를 만들어 나갈 수 있는 것이란 생각은 할 필요가 없다. 그래서 각자가 다 발전하고 은혜를 받으면 되지 그 이상 우리가 바랄 게 무엇이 있겠는가.

기 도

감사하신 하나님,
저에게 오늘 하루를 또 살게 하심을
진심으로 감사드립니다.

제가 오늘 하루를 살기 위해서
온천지가 빛을 내려주고
공기를 쐬어 주고 사계절이 운행하며,
이 모든 것들이 오늘 나 하나를 살리기 위해
존재하고 있다는 것을 생각할 때
하나님의 한없는 사랑에
감사함을 드리지 않을 수 없음을 느끼게 됩니다.

특별히, 가까이 있는 우리 부모님과 형제자매들,
그리고 우리 주위에 같이 사는 많은 사람들이
우리가 이렇게 살게 됨을 깊이 느껴서
언제나 하나님께 감사드리고
겸손한 마음으로 살아가게 하여 주옵소서.

그래서 우리가 이러한 당신의 은혜에 보답하기 위해
최선을 다해서 우리의 인생을 살아갈 수 있도록
당신께서 도와주시옵소서.

오늘 이 시간도 하나님께서 함께 하여 주시고
예수님의 이름 받들어 기도 드리옵나이다.
아멘.

10. 십자가와 부활: 인간의 핵심

1993년 5월 9일

요한 2:13~25

유대인의 유월절이 가까운지라
예수께서 예루살렘으로 올라가셨더니,

예수님께서 생애동안 예루살렘에 몇 번 올라갔는지 확실한 기록은 없지만 매우 많은 횟수임이 틀림없다. 마지막 3년의 공생애 때에도 매년 올라갔을 것이고, 그 전에도 30살이 되기까지 수십 회는 올라갔다고 생각할 수 있다.

성전 안에서 소와 양과 비둘기 파는 사람들과
돈 바꾸는 사람들이 앉아 있는 것을 보시고,

성전 안에 장사꾼들이 자리를 펴고 앉아 물건과 환전하는 일이 점점 더 극성스럽게 됨을 보고 걱정을 하게 되었다는 말이다.

노끈으로 채찍을 만드사 양이나 소를 다 성전에서 내쫓으시고
돈 바꾸는 사람들의 돈을 쏟으시며 상을 엎으시고,

그 당시 유월절 축제에는 하나님께 드릴 제물로 소나 양, 비둘기 등을 바쳤다. 그리고 먼 거리의 다른 나라에서도 많은 순례객들이 모여들어 그때 성전에 바치는 페니키아의 타이어(Tyre) 화폐로 환전하기 위해 성전 앞에는 돈을 바꾸어 주는 환전상들이 있었다.

비둘기 파는 사람들에게 이르시되 이것을 여기서 가져가라.
내 아버지의 집으로 장사하는 집을 만들지 말라 하시니,

거룩한 하나님의 성전을 도떼기시장 판으로 만들어서는 안 된다는 말이다. 정의正義가 지배되는 곳인데 이해利害가 끼어들어서는 안 된다는 말이다.

제자들이 성경 말씀에 주의 전을 사모하는 열심이
나를 삼키리라 한 것을 기억하더라.

하나님의 성전에 대한 열성으로 죽음을 두렵지 않게 생각한다는 뜻이다.

이에 유대인들이 대답하여 예수께 말하기를
네가 이런 일을 행하니 무슨 표적을 우리에게 보이겠느냐.

누구에게 위임을 받아 이런 짓을 하느냐. 어떤 권위를 갖고 이렇게 할 수 있는가, 라는 질문을 유대인들이 예수께 했다는 말이다.

예수께서 대답하여 이르시되 너희가 이 성전을 헐라.
내가 사흘 동안에 일으키리라.

여기서 성전을 사흘 안에 다시 세우겠다는 말이 나오는데 성경에서는 이 사흘이란 말이 자주 나온다. 왜 성경에서 이 사흘이란 말을 자꾸 쓸까.

가만히 생각해 보면, 달이라고 하는 것이 없어졌다 다시 살아나는 데 사흘이 걸리는데, 하나님이 해라면 예수님은 달이라고 생각할 수 있다. 그러니까 하나님의 아들이란 말이다. 여기에서 사흘이라는 의미가 나오지 않았겠는가, 라 생각할 수 있다. 언제나 달은 사흘 만에 부활한다. 없어졌다가 다시 초생달이 되는데 사흘이 걸리는 것이다. 음력으로 보면 마지막 날, 달이 사라졌다가 다시 살아난다.

요새 말로 말하면 실존이 된다는 말이다. 실존이란 하나님의 아들이란 뜻이다. 그러면 달이라는 것은 무엇인가. 달은 언제나 회광반조廻光返照이다. 하나님의 빛을 받아 그것을 다시 세상에 돌리어 비추는 것이다. 예수가 한 일이라면 바로 그것이다. 예수는 자신이 달이라는 것을 나타낸 것이다. 달을 숭배하는 것이 바빌론의 사상이며, 사흘이란 뜻도 바빌론의 사상에서 나왔다고 볼 수 있다. 하여튼 성경에서는 이 사흘이란 말을 자주 쓰는데 예수님께서 여기에서도 성전을 사흘 안으로 다시 세우겠다, 라고 했다.

유대인들이 이르되 이 성전은 사십육 년 동안에 지었거늘 네가 삼 일 동안에 일으키겠느냐 하더라.

헤롯왕이 기원전 20년에 시작한 이 성전은 예수님 당시에도 계속 짓고 있는 중이었다. 헤롯이 이 성전을 짓는 것은 자신의 신앙과는 상관없이 권력을 과시하고 축재蓄財를 하기 위한 방편이었다고 생각할 수 있다. 왜냐하면 이 헤롯은 어린 예수를 잡아 죽이라고 명령했던 사람으로 악랄하고 잔인하기로 유명했던 왕이었다.

그 당시 유대인의 큰 명절에는 순례객만 100만 여명이 넘게 예루살렘에 있는 성전으로 모여들었다고 하니까 그 사람들이 갖다 바치는 제물祭物과 헌금만 해도 굉장한 것이라고 할 수 있다. 이러한 제물과 헌금은 모두 대가 없이 그저 갖다 바치는 것이니까 성전 관계자들에게는 정말 큰 수입이 아닐 수 없다.

요즘도 공장이니 회사를 운영해 10억을 번다는 것은 정말 어려운 일인데 교회의 예산이 10억이니 100억이니 하는 것은 거저 들어온 돈이라고 할 수 있다. 10억 정도의 예산을 쓰는 교회는 보통 규모라고 할 수 있다. 헌금으로 들어오는 돈은 세금도 없다. 그러한 돈으로 여기저기 대형 교회 건물이 계속 건축되고 있다. 그러니까 종교라는 것이 언제나 이런 것이 문제가 된다.

여기에 나오는 예루살렘의 대성전도 헤롯대왕이 그러한 목적으로 앞장서서 건축을 해나간 것이 아니겠는가. 이렇게 46년에 걸쳐 지어온 성전을 보고 예수는 얼마나 마음 아파했는지 모른다. 그래서 다른 복음에 보면 이 성전을 보고 "돌 하나도 돌 위에 남지 않고 다 무너뜨려지리라"라는 말까지 하게 되는 것이다. 결국은 예수가 십자가에서 돌아가신 후 37년 만인 AD 70년에 이 성전은 그야말로 돌 하나도 돌 위에 남지 않을 정도로 산산이 파괴되고 만다.

예수께서 말한 사흘 안으로 짓는다는 성전은 사람이 세우는 성전이 아니라 하나님께서 세우는 성전이라고 할 수 있다. 하나님께서 세우는 성전이라면 사흘 아니라 하루면 족할 것이다.

그러나 예수는 성전된 자기 육체를 가리켜 말씀하신 것이라.

물론 여기에서 말하는 몸[1]이라는 것도 우리가 말하는 육체

1. 고병려(1987), p. 13. 〈예수께서는 그의 몸이라는 성전을 말씀하신 것이다.〉

를 말하는 것이 아니라 왕양명王陽明이 말한 심체心體를 말한다고 할 수 있다. 만물일체지인萬物一體之仁이라 할 때의 그 몸이다. "그러므로 예수께서 죽은 자 가운데서 부활하셨을 때"에, 부활하셨을 때의 몸은 무엇인가. 아까 심체心體라고 했는데 부활하셨을 때의 몸을 영체靈體라고 해도 좋다. 사흘 만에 부활했다, 라고 하는데 달이 사흘 만에 다시 뜨니까 사흘이란 말을 하는 것이다.

> **죽은 자 가운데서 살아나신 후에야**
> **제자들이 이 말씀하신 것을기억하고**
> **성경과 예수께서 하신 말씀을 믿었더라.**
> **유월절에 예수께서 예루살렘에 계시니**
> **많은 사람이 그의 행하시는 표적을 보고 그의 이름을 믿었으나,**
> **예수는 그의 몸을 그들에게 의탁하지 아니하셨으니,**
> **이는 친히 모든 사람을 아심이요,**
> **또 사람에 대하여 누구의 증언도 받으실 필요가 없었으니,**
> **이는 그가 친히 사람의 속에 있는 것을 아셨음이니라.**

그러니까 예수께서는 사람들의 마음이 어떠한지를 잘 알고 계셨다는 말이다. 지금까지 내용이 성전을 확청廓淸한[2] 이야기인데 언제나 바로 잡기 위해서는 깨끗이 하는 수밖에 없는 것이다. 옷이 더러워지면 물로 빨아야 하듯이 이 세상도 계속 빨래를 하여 깨끗하게 만들어야 하는 것이다. 이 세상이란 먼지가

2. 앞의 책, p. 12

가득한 곳이니까 더러워지지 않을 수 없다. 그러나 물이 있으니까 물로서 자꾸 빨아 깨끗하게 해 나가야 한다. 이것이 인간의 운명이니까 어쩔 수 없이 깨끗이 하여 확청해 나가는 수밖에 없다.

예수께서 죽은 자 가운데서 살아나신 후에야, 란 말이 곧 십자가와 부활이란 뜻인데, 십자가와 부활이 또한 빨래하는 것이다, 라고도 할 수 있다. 물속에 들어가는 것이 십자가라면 깨끗하게 되어 올라오면 부활이 되는 것이다.

지금까지 말해왔던 것을 바꾸어 세례가 십자가요, 부활이 성만찬이다, 라고 해도 좋다. 그러니까 십자가와 부활, 이것이 인간의 핵심이다.

인간이 무엇인가. 예를 들면 불교에서는 진공묘유眞空妙有라 하고, 유교에서는 허령지각虛靈知覺이라 하고, 기독교에서는 십자가와 부활이라 하고, 도교에서 노자는 허심실복虛心實腹, 장자는 허실생백虛室生白이라고 했다. 종교에서 하고 싶은 말은 다 이것뿐이지 다른 것은 없다. 우리가 양명학을 배울 때 나왔던 유정유일惟精惟一도 마찬가지 말이다.

그래서 이러한 말들이 — 기독교인이라면 십자가와 부활이란 말이 — 자기 것이 되어야 한다. 다시 말해 현실이 되어야 한다. 성전을 헐어라라는 말이 '십자가'라면, 사흘 만에 다시 짓겠다는 것은 '부활'이다, 라고 생각해도 좋다.

중국 사람들의 국기를 청천백일기青天白日旗라고 하는데 그것도 마찬가지 뜻이다. 청천青天이 진공眞空이고, 백일白日이 묘유妙有라는 말이다. 결국 나라고 하는 것이 무엇인가. 다 알아보면 이 말들밖에 없다. 푸른 하늘(청천青天)에 빛나는 태양(백일白日), 그것이 바로 나인 것이다. 우리의 태극기는 무극이태극無極而太極이라고 한다. 이것도 같은 말이다. 무극이 청천이라면 태극은 백일이 되는 것이다. 언제나 다 마찬가지다. 공空과 하나(일一)라고 해도 된다.

철학에서는 진공이란 말을 사랑이라고 하고, 묘유라는 말을 진리라고 한다. 그래서 이것을 필로소피아(phylosophia)라고 한다. 필로라는 것이 진공이란 말이고, 소피아라는 말이 묘유라는 말이다. 그것이 철학이라는 말이다. 또 기독교에서는 진리와 생명이라는 말을 한다. 종교와 철학이 다 이 두 가지를 말하는 것이다. 그러니까 무극이태극, 허령지각, 청천백일, 진공묘유, 진리와 사랑, 이러한 것들이 곧 내가 되어야 한다.

나라고 하는 것이 노자가 말하는 허심실복이요, 장자가 말하는 허실생백이며, 또 유교에서 말하는 허령지각이다. 기독교인이라면 십자가와 부활이 되어야 한다. 그것이 기독교의 핵심이며, 그것이 예수에 대한 이야기가 아니라 나의 이야기가 되어야 한다는 말이다. 내가 무엇인가 할 때 내가 십자가와 부활이 되어야 하는 것이다.

여러 번 말한 바 있는 소강절邵康節의 시가 있는데,

월도천심처月到天心處
풍래수면시風來水面時
일반청의미一般淸意味
요득소인지料得少人知

월도천심처月到天心處, 즉 아까는 청천백일이라 하여 태양을 말했는데 이번에는 달이다. 태양이라고 해도 좋고, 달이라고 해도 마찬가지다. 달이 하늘 한가운데에 떴다.

더 쉽게 말하면 달 월月 자는 고기 육肉 자와 같은 것이니까, 육체肉體가 정신精神의 가운데 들어있다고 할 수 있다. 이것이 핵심이다.

우리는 내 몸 속에 마음이 들어가 있는데, 그것이 소위 전도인생顚倒人生이라는 것이다. 거꾸로 된 인생이란 말이다. 그런데 "내 마음속에 내 몸이 있다"는 것이 월도천심처月到天心處라는 말로서, 그렇게 되어야 내가 나라고 할 수 있다. 내 몸속에 내 마음이 있다가 되면 나라고 할 수가 없다. 그것이 오늘 말하는 것의 핵심이다. 그러니까 언제나 마음속에 몸이 있다가 되어야 하는 것이다.

예수란 사람은 어떤 사람인가. 마음속에 몸이 있는 사람이다. 십자가라는 마음속에 부활이라는 몸이 있는 것이다. 십자가 속에 부활이 있는 것이다. 십자가가 무엇인가. 진공이다. 부활은 무엇인가. 묘유이다. 이렇게 생각하면 알기 쉽다. 마음속에 몸이 있어야 하는 것이다.

왜 자꾸 고민하게 되는가. 몸속에 마음이 있기 때문에 그렇다. 이 조그마한 몸속에 큰 마음이 들어가 살려니까 괴로울 수밖에 없다. 큰 마음속에 조그마한 몸뚱이를 집어넣으면 하나도 괴로울 것이 없는 것이다. 배(주舟) 속에 태평양 물이 들어가면 야단이지만 태평양 속에 배가 뜨면 아무 문제가 없다. 그러니까 배 속에 바다가 들어가게 되면 뒤집어지고 마는 것이다. 그것을 전도인생顚倒人生이라 한다. 요는 그것 하나를 깨닫자는 것이다.

언제나 십자가가 먼저 있고, 부활이 있는 것이다. 십자가라는 바다가 있고 나서 부활이라는 배가 있어야 한다. 그래서 십자가와 부활이 되는 것이다. 십자가가 없는 부활, 즉 바다 없는 배는 있을 수 없다. 또 배 속에 바다가 있어도 안 되는 것이다.

이것이 청천백일青天白日이다. 언제나 하늘 속에 태양이 있지 태양 속에 하늘이 있다, 라는 말은 성립이 안 된다. 가장 간단하고 쉬운 진리이다. 하늘 속에 태양이 있다는 것, 그것이 진리인 것이다. 십자가가 있어야 부활이 있다, 그것이 진리이다. 진공이 있어야 묘유가 있는 것이다. 그것이 거꾸로 되면 그것을 우리가 전도인생이라고 하는 것이다. 하늘 속에 태양이 있다는 말이 곧 마음속에 몸이 있다는 말이다. 성전을 짓겠다는 것은 무엇인가 하면 몸속에 마음을 집어넣겠다는 것이다. 그러니까 전도인생이 되고 마는 것이다. 그래서 이 성전이라는 것이 정말 문제가 되는 것이다.

어디 이 성전만 문제가 되겠는가. 청천백일이 되지 않고는 모든 것이 다 문제가 된다. 뒤집혀진 것이다. 우리가 말하는 욕심이라는 것이, 바로 몸속에 마음이 들어가 있다는 말이다. 그러나 마음속에 몸이 들어가면 무심이 되고 만다. 그래야 천심天心이 된다.

그러니까 십자가 속에 부활, 하늘 속에 태양, 진공 속에 묘유 등등 이러한 것에 대해 우리가 깊이 생각을 해보아야 한다. 내 마음이 내 속에 있나, 바깥에 있나, 이것을 언제나 생각해 보아야 한다. 내 안에 있다, 라 생각되면 그것이 바로 고苦가 되는 것이다. 그런데 내 마음이 내 몸의 바깥에 있다가 되면 천국이 되는 것이다. 마음속에 몸이 있는 것, 그것이 천국이다. 몸속에 마음이 있는 것, 그것이 지옥이다. 천국과 지옥의 차이가 그것이다.

우리가 가만히 생각해 보면 모두가 다 몸속에 마음이 있다. 그래서 속이 탄다, 가슴이 탄다고 야단을 치는데 그것이 다 몸속에 마음이 있어서 그런 것이다. 그것을 뽑아 버려야 한다. 뽑아 버리는 것을 회개라고 한다. 몸속에 들어가 있는 마음을 뽑아 버리는 것이다. 그래서 뒤집힌 배에 있는 물을 퍼내야 한다. 그리고 그 배를 다시 바로 세워서 바다 위로 뜨도록 해야 한다.

그것이 구원이란 말이다. 이치는 간단하다. 바로 이렇게 만드는 것이다. 이것을 어떻게 내 것으로 만드느냐, 현실로 되게 하느냐, 그것이 핵심인 것이다.

아직도 내 마음이 내 가슴속에 있다면, 이것을 뽑아내어서 몸 밖으로 나오게 하면 된다. 그래서 내 가슴속에는 마음이 없는 무심이 되어야 한다. 십자가와 부활이 바로 그렇게 되었다는 말이다.

제 3 장

거듭남(중생 重生)

기 도

감사하신 하나님,
아름다운 계절을 맞이하여
저희들은 또 당신 앞에 나왔습니다.

당신과 하나 되기 위하여
오늘 여기 나왔사오니
저희들을 받아 주시고
당신이 저희들의 하나님이 되시고
우리가 당신의 자녀들이 되는
그런 아름다운 경험을 가질 수 있도록
당신께서 도와주시옵소서.

우리의 조국을 당신께서 지켜 주시고
우리의 조국을 다시 한 번 사랑해주셔서
이 5월의 싱그러움처럼 온 나라가 새로워지고
건강해질 수 있도록 애쓰고 노력하는
저희들이 될 수 있도록 도와주시옵소서.

우리도 우리 속에 있는 죄악을 제거해 버려서
언제나 하나님과 같은 영체가 되어
모든 사람들이 하나가 되어서
서로 기쁨을 누리는
삶을 살 수 있도록 도와주시옵소서.
이 모든 말씀
예수님 공로 받들어 기도 드리옵나이다.
아멘.

11. 진리와 성령

1993년 5월 16일

요한 3:1~21

그런데 바리새인 중에 니고데모라 하는 사람이 있으니, 유대인의 지도자라.

"그런데 여기 이름을 니고데모라 하는, 유대인의 최고회의 의원의 신분을 가진, 한 바리새(파의) 사람이 있었다."[1]

여기서 최고회의란 지금의 국회와 행정부를 합친 기관이라 생각하면 된다. 니고데모는 72명으로 구성된 그 당시 이스라엘 최고의 입법통치 기관인 최고회의 의원 중의 한 사람이었다. 이 사람은 나중에 예수가 십자가에서 돌아가셨을 때 장례에 참석한 사람으로 성경구절에 기록되어 있다.

1. 고병려(1987), p. 13

그가 밤에 예수께 와서 이르되,
랍비여, 우리가 당신은
하나님께로부터 오신 선생인 줄 아나이다.
하나님이 함께 하시지 아니하시면
당신이 행하시는 이 표적을 아무도 할 수 없음이니이다.

이 니고데모라는 사람은 예수에 대해서 상당히 인정하는 사람이었다. 그런데 용기가 좀 부족해서 대낮에 오지는 못하고 밤에 몰래 찾아오게 된 것이다. 아마도 니고데모는 어떤 중대한 문제가 있어서 예수를 만나고 싶어 했을 것이다.

예수께서 대답하여 이르시되,
진실로 진실로 네게 이르노니,
사람이 거듭나지 아니하면
하나님의 나라를 볼 수 없느니라.

우리가 양명학에서 배운 이야기와 비슷한 말이다. 발본색원拔本塞源 하지 않으면 새로운 나라를 체험할 수 없는 것이다. "아무라도 위로부터 다시 나지 아니하면"[2]이란 말은, '깨끗하고 거룩하지 아니하면' 이란 뜻으로 생각할 수 있다. 또한 아래로부터 났다는 말은 죄악의 세상을 생각하지 않을 수 없다. 사람은 땅에서 나서 하늘로 올라가게 마련이니까, 마치 연꽃처럼 진흙 속에서 자라 물위에 꽃을 피우듯이, 사람도 형이상에서 꽃을 피우지 않으면 안 되는 존재인 것이다. 그것이 인간의 운명이다.

2. 앞의 책, p. 13

그래서 다시 태어나지 않으면 하나님의 나라를 볼 수 없다.

니고데모가 이르되,
사람이 늙으면 어떻게 날 수 있사옵나이까.

이 사람은 예수가 대답한 내용을 잘 이해하지 못하고 있다. 그래서 다시 이런 질문을 하게 되는 것이다.

두 번째 모태에 들어갔다가 날 수 있사옵나이까.
예수께서 대답하시되, 진실로 진실로 네게 이르노니,
사람이 물과 성령으로 나지 아니하면
하나님의 나라에 들어갈 수 없느니라.

여기서 물과 성령으로라는 말이 나오는데, 요한복음 4장 24절에 보면 “신령과 진리로”라고 되어 있다. 여기서 물이라는 것은 진리를 상징한다, 라고 생각할 수 있다. 그래서 진리와 성령으로 다시 태어나지 않으면 하나님의 나라에 들어갈 수가 없다는 말이다.

육으로 난 것은 육이요, 영으로 난 것은 영이니,

땅에서 난 것인가, 하늘에서 난 것인가에 따라 육체와 영체로 나누어지는 것이다.

내가 네게 거듭나야 하겠다 하는 말을 놀랍게 여기지 말라.

바람이 임의로 불매 네가 그 소리는 들어도
어디서 와서 어디로 가는지 알지 못하나니,

바람은 실제로 볼 수 없지만 나뭇가지의 흔들림을 보고 바람이 부는 것을 알 수 있다. 하나님의 세계는 반드시 그것을 알게 해주는 어떤 존재가 있어야지, 그것 없이는 알 수 없는 것이다. 마치 나뭇가지를 통해 바람의 존재를 알 수 있듯이 이 나무가지가 그리스도라고 생각하면 된다. 그래서 그리스도를 통해서 하나님을 보아야지, 그리스도를 통하지 않고는 하나님을 절대 볼 수 없는 것이다.

성령으로 난 사람도 다 그러하니라.
니고데모가 대답하여 이르되,
어찌 그러한 일이 있을 수 있나이까.

니고데모가 예수에게 어떻게 하면 이런 일이 일어나게 되느냐고 다시 물었다. 다시 말해 어떻게 하면 새롭게 태어날 수 있는지를 물었다.

예수께서 그에게 대답하여 이르시되,
너는 이스라엘의 선생으로서 이러한 것들을 알지 못하느냐.
진실로 진실로 네게 이르노니,
우리는 아는 것을 말하고, 본 것을 증언하노라.
그러나 너희가 우리의 증언을 받지 아니하는도다.

예수께서 니고데모에게 말하기를, 당신은 이스라엘 최고의 지성인임을 인정받은 사람인데, 어떻게 사람이 다시 태어나는 방법을 알지 못하는가. 예수는 이것에 대해 알고 있으며 자신 있게 말할 수 있다는 뜻이다.

내가 땅의 일을 말하여도 너희가 믿지 아니하거든,
하물며 하늘의 일을 말하면 어떻게 믿겠느냐.
하늘에서 내려온 자 곧 인자 외에는
하늘에 올라간 자가 없느니라.

예수는 이러한 일을 알고 있지만 사람들은 믿으려 하지 않는다는 말이다. 그러니까 결국 하늘에서 내려와야 하늘에 또 올라 갈 수 있다는 말이다.

양명학에서도 나오듯이 양지良知란 무엇인가. 우리 속에 있는 양지는 영원불멸이다. 또 천리天理도 영원하다고 하였는데 하늘에서 내려왔기 때문에 하늘로 다시 올라 갈 수 있는 것이지, 하늘에서 내려오지 않았다면 하늘로 다시 올라 갈 수 없는 것이다.

모세가 광야에서 뱀을 든 것 같이
인자도 들려야 하리니,

이것이 예수의 운명인 것이다.

이는 그를 믿는 자마다
영생을 얻게 하려 하심이니라.

사람이 한 번은 죽음을 넘어서야 영원한 생명을 가질 수 있다. 그래서 예수께서도 결국은 죽음을 넘어서지 않을 수가 없다는 말이다. 또 죽음을 넘어서야 영원한 생명이 되는 것이지, 죽음을 넘어서지 않고는 영원한 생명을 가질 수가 없는 것이다.

하나님이 세상을 이처럼 사랑하사 독생자를 주셨으니
이는 그를 믿는 자마다 멸망하지 않고
영생을 얻게 하려 하심이라.

하나님께서는 그의 외아들인 그리스도를 이 세상에 보내셨다. 우리가 예수를 왜 믿는가. 죽음을 넘어서서 영원히 살기 위함이다. 이 요한복음 3장 16절은 성경에서 제일 중요하다고 하여 아주 어릴 때부터 따라 외웠던 구절이다. 그때부터 외웠던 구절이지만 일생을 통해서도 잘 알기 어려운 구절이다. 아직도 이 구절을 읽으면 무엇인가 걸리는 것이 있다. 아마도 발본색원이 완전하게 되지 않아서 그럴지도 모른다. 내 속이 완전히 발본색원되어 걸림이 없을 때 이 구절도 완전히 이해될 수 있을 것이다.

하나님이 그 아들을 세상에 보내신 것은

세상을 심판하려 하심이 아니요,
그로 말미암아 세상이 구원을 받게 하려 하심이라.

구원을 받는다는 말도 자꾸 걸리는 말이다. 무엇을 구원 받는다는 말인가?

그를 믿는 자는 심판을 받지 아니하는 것이요,
믿지 아니하는 자는
하나님의 독생자의 이름을 믿지 아니하므로
벌써 심판을 받은 것이니라.

믿건 안 믿건 벌써 심판을 받고 있는 것이다. 그러니까 발본색원 안 된 세계라고 하는 것은 언제나 심판을 받고 있는 세계다. 형무소를 가든 안 가든 간에 우리는 벌써 심판 받고 있는 세계이지, 구원받은 세계는 아닌 것이다.

그 정죄는 이것이니,

그러니까 통일이 안 된 상태란 말이다. 계속 분열되어 있지, 통일이 안 된 것이다. 분열상태가 되어 운이 나빠서 감옥에 들어가 있는 사람도 있고, 운이 좋아서 높은 직위에 올라가 있는 사람도 있지만 다 죄인이지 죄인 아닌 사람은 없는 것이다.

곧 빛이 세상에 왔으되

사람들이 자기 행위가 악하므로
빛보다 어둠을 더 사랑한 것이니라.

"빛이 세상에 와 있지만 사람들은 자신의 행위가 악하기 때문에 빛보다 오히려 어둠을 사랑하였다는 이 사실이 심판이다."[3] 우리가 이 분열되어 있는 상태가 통일되어 합쳐져야 할 터인데, 합치는 것을 오히려 싫어한다는 말이다. 분열된 상태로 남아 있는 것을 좋아한다는 말이다. 마치 아이들이 팔을 삐었는데 접골원에 가서 뼈 맞추는 것을 싫어하듯이, 사람들은 빛의 세계로 나가려 하지 않고 어둠 속에 머물기를 좋아한다는 말이다.

악을 행하는 자마다 빛을 미워하여
빛으로 오지 아니하나니
이는 그 행위가 드러날까 함이요,

악을 행하는 사람은 빛을 싫어한다는 말이다. 요즘 전기가 이렇게 많은데도 촛불을 켜놓고 그 촛불 빛을 좋아하는 것처럼 악을 행하는 사람은 밝은 곳에 나가기를 싫어한다는 말이다.

진리를 따르는 자는 빛으로 오나니
이는 그 행위가 하나님 안에서 행한 것임을
나타내려 함이라 하시니라.

---

3. 앞의 책, p. 14

진리를 행하고 있는 사람은 공명정대公明正大하다. 감추는 것이 없다. 그러니까 자신의 행위가 아무리 밝혀져도 부끄러울 것이 없다.

여기서는 두 가지를 말하고 있다. 하나는 '거듭 난다'는 말인데 어떻게 거듭나는가. 한마디로 '진리와 성령으로 거듭 난다'고 되어 있다. 또 하나는 예수께서 십자가에 죽었는데 과연 '나를 위해서 죽은 것인가'이다. 그 옛날 유대 사람 중 하나인 예수가 십자가에서 죽었는데 2천 년이 지난 지금 나에게 정말 관계가 있는 것인가, 그것이 문제인 것이다. 이것은 우리가 양명학에서 배운 것처럼 마음 심心 자인, 심체心體라 생각하면 간단하다.

예수하고 나하고가 2천 년이란 시간적인 차이는 있지만, 양지良知는 만고일일萬古一日이니까, 시간적인 차이가 있을 수 없는 것이다. 또한 천리天理라는 것도 영원히 변화할 수 없는 것이니까 공간적인 차이라는 것이 있을 수 없다. 그래서 우리가 시간, 공간을 빼 버리고 말면 아무런 문제가 없다. 시간, 공간이 없다면 예수가 2천 년 전의 사람이라는 것과 유대인이라는 것이 문제 될 것이 없다. 결국 시공간을 빼어 버리게 되면 예수가 바로 나와 같은 사람이 되고 마는 것이다. 예수와 나 사이에 어떤 차이가 있을 것이 없게 된다.

또 예수가 나와 같은 사람이 아니라고 한다고 해도 예수가 내 옆에 살았다면 그 사람이 나를 위해 죽을 수 있는 사람이지, 나를 위해 죽지 않을 사람은 아닌 것이다. 예수란 사람이 나와 거리가 먼 사람이 아니라는 것을 생각한다면 문제 될 것이 하나도 없다. 나를 위해 죽을 수 있는 사람, 그 사람이 예수이지 그만한 사람이 아니라면 예수라 할 것도 없다. 그렇게 생각한다면 하나도 문제될 것이 없다. 나도 그 문제에 대해서 굉장히 오래 동안 고민했다.

그것을 기독교에서는 속죄라고 하는데, 예수가 나의 죄를 대신해서 십자가에 달리셨다, 그래서 나를 죄에서 구해주었다는 뜻으로 사죄赦罪라는 말이 된다. 우리가 사면赦免이란 말을 자주 하는데, 지은 죄를 용서하여 벌을 면제하는 것을 말하는 것으로, 결국 죄로부터 해방되고 마는 것이다. 그것을 기독교에서는 구령救靈이라는 말로 하는데 영원히 구원받게 되어 영생永生을 얻는다는 말이다. 그러니까 속죄, 구령을 같이 말하는데 옛날부터 많이 쓰는 말이다.

그런데 이러한 말들이 나에게는 항상 걸리는 말이 되어, 아까 말한대로 왜 예수가 십자가에 달리신 것이 나하고 관계가 있는가 하여 아무리 생각해도 풀리지 않는 문제였다.

또 구령이란 말은 다시 말해서 부활이란 말인데 예수가 육체적으로, 또 보통 사람도 한 번 죽으면 끝나는 것인데 부활한다는 것이 말이 되는 것인가, 라고 하여 항상 나에게 걸리는 문제였다.

그래서 이 문제를 해결해보기 위해 많은 목사님들을 따라다니기도 했고, 부흥회도 참석하고, 산 기도도 다녀 보았지만 해결하지 못했다. 어떻게 보면 나의 일생은 이 문제를 풀기 위한 생生이었다고도 할 수 있다. 일본에 있을 때도 최고의 신앙인이라고 존경받는 선생들을 만났지만 결국 해결하지 못했었다.

요전에 유달영 선생의 스승이었던 김교신金敎臣은 일본의 내촌이란 사람을 통해 이러한 문제를 해결했다고 하는데, 나도 그런 분들을 만났지만 나의 문제는 해결하지 못했다. 말하자면 인연이란 것이 있는 모양이다.

그러다가 내가 여러분께 여러 번 말한 바 있는 유영모 선생을 만나게 되어 이분을 통하여 내 문제를 해결할 수 있는 실마리를 붙잡게 되었다. 그런데 유영모란 분은, 기독교의 속죄설을 믿는 사람이었는가 하면 그것도 아니다. 또 유영모 선생은 부활을 믿는 사람도 아니었다. 그분을 통해 그런 이야기를 들은 적이 별로 없었다. 그런데 어떻게 그런 분을 통해서 내 문제인 십자가의 대속과 부활의 문제를 해결하게 되었는지 나도 알 수 없는 수수께끼이다. 하지만 그분을 통해 내 문제가 해결되었다는 것은 부정할 수 없는 사실이다.

유영모란 분이 나에게 가르쳐준 것이란, 진리라는 것이 무엇인지를 가르쳐준 것이다. 내가 그분을 통해 진리를 깨닫게 되었다는 것은 확실하다.

또 하나는 생각하는 것을 배웠다고 할 수 있다. 이 생각한다는 것이 사람에게는 소중한 것으로, 사람이 생각한다는 것이 사는 것이지, 생각하지 않으면 사는 것이 아니다, 라는 것을 유영모 선생을 통해서 확실하게 배운 것이다. 그래서 어디든지 진리가 있다고 하면, 나는 열심히 그것을 찾으려고 노력했다. 노자 속에 진리가 있다고 하면 노자를 열심히 연구하고, 불경이나 성경을 열심히 들여다보게 된 것도 다 유영모 선생을 통한 인연 때문이다. 그렇다고 해서 모든 것을 다 찾아 본 것은 아니다. 불교 그러면, 불교의 핵심 경전인 몇 가지와, 노장사상 그러면, 노장의 핵심 되는 글 정도를 읽은 것이다. 또 유교에서도 유교의 핵심 되는 경전 몇 가지를 집중적으로 읽은 정도이다. 이러한 글들을 자꾸 들여다보면서 진리가 과연 무엇인가를 생각하는 것이다.

아까 진리와 성령으로 다시 태어난다고 했는데, 성령이란 "말을 생각하는 것이다"라고 바꿔도 좋다. 그러니까 "진리의 글을 읽고 생각을 깊이 함으로써 거듭 날 수 있다"라고 본 것이다. 자꾸 생각을 해나가다 보면 무엇인가, 성령이라고 할까, 하여튼 보이지 않는 힘이 나를 도와주는 것 같은 느낌을 갖게 된다.

어떤 문제에 대해, 오래 동안 생각하면서 밤늦게까지 그 생각 속에 깊이 빠져들었다가, 잠이 들어 아침에 깨게 되면 그 문제가 풀리는 경우가 많다. 꼭 누가 내 곁에 와서 가르쳐 주는 것과 같은 느낌을 자주 갖게 된다. 특히 새벽시간에 전날 계속 생각해 오던 문제들이 누가 옆에서 가르쳐 주는 것처럼 분명하게 해결되는 경우가 많다. 이런 것을 느낄 때 "아, 이것이 바로 성령께서 역사하시는 것이구나"라고 생각하지 않을 수가 없다. 어떤 거룩한 영께서 나를 도와주는 것이 확실하다는 생각이 들게 되는 것이다.

진리라는 것이 밥과 같다면, 성령이란 것은 코로 숨을 쉬어 밥을 소화시켜 주는 것이라고 생각할 수도 있다. 그래서 이 두 가지는 항상 있어야 하는 것이다. 밥도 있어야 하고, 소화시키는 숨도 있어야지 이 두 가지가 없으면 안 된다. 더 쉽게 이야기하면 밥의 재료가 되는 쌀도 있어야 하고, 밥이 되게 하는 불도 있어야 하는 것과 마찬가지다. 그래서 진리라고 하는 쌀과 성령이라고 하는 불이 있어야 내가 밥이 될 수 있지 이 두 가지가 없으면 밥이 될 수가 없는 것이다. 그런데 유영모 선생께서 나에게 해주신 것이 무엇인가 하면 참 좋은 말들을 나에게 많이 가르쳐 주신 것이다. 이것은 꼭 배워야 하는 말이다, 또는 정말 좋은 말이다, 하는 것들만 골라 가르쳐 주신 것이다.

예를 들어 선생님께 장자를 배울 때 맨 먼저 배운 것은 눈이 뚫리고, 귀가 뚫리고, 코가 뚫리고, 입이 뚫리고, 나중에 가

合이 뚫리고, 덕德이 뚫리는 이야기를 들었는데, 이러한 말들은 장자라는 글 속에도 가장 구석진 곳에 나오는 이야기인데, 선생님께서는 나에게 이 말이 가장 좋은 말이라고 가르쳐 주신 것이다.

그런데 내가 이런 말들이 좋은 말이라는 것을 깨달으려면 수 년 혹은 수십 년을 들여다보아야 알 수 있는 것들이다. 그런데 선생님을 통해 힘들이지 않고 쉽게 배우게 된 것이다.

불교에 나오는 수처위주隨處爲主이면 입처개진立處皆眞이란 말도 정말 좋은 말로서, 나는 나중에 임제록을 읽다가 거기서 나온 이야기라는 것을 알게 되었는데, 선생님을 통해 배운 정말 진리의 말씀이었다.

또 응무소주이생기심應無所住而生其心이란 말도 금강경에 나오는 말로, 선생님께서 해주시는 말들이 나에게는 정말 큰 도움이 된다는 것을 느끼게 되었고, 이러한 말들을 들음으로써 자꾸자꾸 생각하게 되는 계기가 되었다. 그래서 선생님의 강의를 한 주일에 한 번씩 듣는 것이 나에게는 생각을 계속하는데 굉장히 큰 도움이 되었다.

이렇게 오랜 동안 강의를 듣고 생각을 해 가다 보니까, 좋은 생각과 개념들이 나에게 응집되어 쌓이기 시작했다. 그러다가 나중에는 그 많은 생각과 개념들 중에서 가장 나에게 중요한 개념이 요약되어 잡히게 되었는데, 그것이 도교에서는 무위

자연無爲自然이고, 불교에서는 즉심성불卽心成佛이고, 기독교에서는 삼위일체三位一體이고, 유교에서는 중용中庸이라는 것으로, 이 가장 중요한 개념이 나에게는 진리가 된 것이다. 이러한 핵심진리가, 내가 생각하고 생각함으로써, 아까도 말했듯이 성령의 도움으로 점점 더 구체화되고 체계화되어 종당에는 다음과 같은 글로써 나타나게 되었다. 그것이 바로 단단무위자연성斷斷無爲自然聲, 즉심여구토성불卽心如龜兎成佛, 삼위부활영일체三位復活靈一體, 천원지방중용인天圓地方中庸仁이다. 내가 배우고 생각해오던, 모든 진리가 이 네 가지 말로 요약되고 체계화되어 나타난 것이다.

그런데 이 네 가지 말의 뜻이 중요한 것이 아니라, 이 전체를 통해서 그 배후에 보이는 어떤 모습, 다시 말해서 형상形相을 보게 되었는데 이런 것을 철학에서는 관觀이라는 말을 하기도 하고, 또는 각覺이라는 말도 하는데, 종교적으로 말하면 계시啓示라는 말이 된다. 하늘이 나에게 보여준 것이란 뜻이다. 이 글은 내가 쓴 것은 아니다. 지금까지 내가 생각해 오던, 모든 진리의 말씀들에 대해서 그 내용을 파악했다기보다 그 핵심의 뜻이 합쳐져서 하나의 체계를 이루게 되었다는 것이 중요한 것이다. 그리고 그 체계가 이루어진다는 것이 내가 생각을 해나가다가 체계화된 것이 아니고, 내가 아닌 누군가에 의해서 마치 옆에서 불러주어 내가 쓴 것과 같은 느낌을 갖게 되었기 때문에 계시라고 할 수밖에는 없다. 그리고 이 글을 쓴 순간부터 십자가의 속죄와 부활에 대한 모든 의문이 없어지게 된 것이다.

나는 이러한 경험을 통해서 "문제는 해결되는 것이 아니라 없어지는 것이다"라는 말을 확실히 믿게 되었다. 그래서 결국은 내가 늘 고민해오던 속죄니 구령이니 십자가니 부활이니 하는, 모든 문제가 다 사라지게 되고 만 것이다. 이러한 경험, 그것을 여기에서 말하는 '다시 태어난다' 또는 '거듭 난다'라고 하는 것이다. 또 이러한 경험을 겪게 되면 예수가 나를 위해 십자가에 달리셨다는 것이 아무런 문제없이 해결되고 마는 것이다. 해결되었다는 것보다는 문제가 없어지고 만다는 것이 더 정확한 표현이다. 이러한 것은 철학으로 말하면 하나의 근본경험이 되는 것이다.

그래서 내가 늘 말하는 윌리엄 제임스[4]의 말인 "내가 있어서 경험이 있는 것이 아니라 경험이 있어서 내가 있다"는 말이 굉장히 중요한 말로서, 일본의 유명한 철학자인 니시다[5](西田)가 항상 강조한 말도 바로 이 말이다. "나는 생각한다. 고로 내가 있다"는 말을 바꾸어 말하면 "나는 경험했다. 고로 내가 있다"라는 말과 마찬가지다. 바로 이러한 경험을 갖게 되어야 하는데 어떻게 하면 이런 경험을 하게 되는가가 매우 중요하다.

4. William James(1842~1910). 김흥호, 『인물중심의 철학사(경험론 편), 서양철학 우리 심성으로 읽기 5』, "제임스", pp. 198~209(서울: 도서출판 사색, 2007) 참조.
5. 니시다 기타로(西田幾多郎, 1870~1945), 일본의 근대 철학자

내 경우는 유영모 선생을 6년 동안 따라 다니면서 선생님께서 말씀하신 진리를 듣고 계속해서 생각을 해나갔으며 마지막에 100일 동안은 주역을 하루에 한 괘씩 매일 깊이 생각해 들어갔다. 그래서 내가 배운 전체를 정리하는데 굉장히 중요한 역할을 한 것이 역시 주역이었다. 주역의 64괘로부터 8괘, 8괘로부터 사상四象, 사상으로부터 음양陰陽, 음양으로부터 태극太極, 그래가지고 결국 무극無極이 태극이 되는데, 이렇게 주역을 통해 나의 생각을 정리하는 데에 상당히 도움을 받았다고 생각한다.

마치 석가가 6년 고행, 49일 선정에 들듯이 나도 6년 동안 고생하여 진리를 알기 위해 노력했고, 100일 동안 정리하는 기간을 갖고 나서 근본경험이라는 깨달음의 경험을 갖게 된 것이다. 그것이 내가 늘 말하는 3월 17일 오전 9시 5분에 있었던 경험이다. 그래서 나는 내 경험이외에는 다른 것은 말할 수 없다. 결국 성경을 해석해도 내 경험을 갖고 해석해나가지 다른 신학자들의 해석은 잘 알지 못한다. 또 알 필요도 느끼지 않는다. 나는 내가 보는 대로의 해석을 해나가는 것뿐이다.

여러분들도 여러분들 나름대로의 생각과 노력을 통해 이러한 경험을 가져야 할 것이며, 그러한 경험을 통해서 또 여러분들이 보는 성경의 해석을 해나갈 수 있도록 해야 한다.

그래서 여러분들 속의 자아분열이란 것이 언젠가 한 번은 통일되어서 하나의 체계화를 이루는, 그런 순간을 갖는 경험을 하도록 해야 한다. 그러한 경험은 어떤 사람에게는 빨리 올 수도 있고, 어떤 사람은 늦게 올 수도 있다. 불교의 조주라는 스님은 60이 되어서야 그런 경험을 하게 된다. 석가는 35세에 그런 경험을 했는데 이렇게 빠를 수도 있고 늦을 수도 있지만 일생에 한 번은 이러한 경험을 통해 자신을 알 수 있는 기회를 갖는다는 것이 굉장히 중요하다.

그래서 불교 같은 데서는 이번 생에 그런 경험을 못하면 다음 생에 그 경험을 하기 위해 다시 태어나야 한다고 말하고 있는데, 이번 생에 그런 경험을 하게 되면 다시는 생을 받지 않는다는 이야기를 한다. 그것이 윤회를 벗어나 해탈에 이른다는 것이다. 그러니까 우리의 생生이 이러한 근본경험을 얻기 위해 있는 것이다, 라고 할 수 있다. 그렇기 때문에 각자가 자신의 능력에 맞게 생각하고 또 생각하여, 진리와 성령의 도움으로 거듭나는 경험을 갖도록 노력해야 할 것이다.

기 도

감사하신 하나님,
저희들로 하여금 우리의 생명보다도
더 소중한 기업을 발견할 수 있도록
당신께서 도와주시고
그 기업을 완수하기 위해서
한없이 어려운 길을 걸어가야 하오니
주님께서 같이 하여 주셔서
언제나 연약한 저희들을 돌보아 주시고
우리가 그 기업을 이루어 낼 수 있는
힘과 능력을 더하여 주셔서
끊임없이 전진하는 저희들이 될 수 있도록
당신께서 도와주시옵소서.

아름다운 날씨 속에서
당신이 함께 하는 기쁨을
느낄 수 있도록 도와주시고
밖에 있는 자연의 아름다움뿐만 아니라
우리 속의 자연의 아름다움을
발견할 수 있는 기회를 허락하여 주소서.

오늘 이 시간도 당신께서
같이 하여 주시옵기를 바라오며
예수님 이름 받들어 기도하옵니다.
아멘.

12. 세 례

1993년 5월 23일

요한 3:22~36

그 후에 예수께서 제자들과 유대 땅으로 가서
거기 함께 유하시며 세례를 베푸시더라.

이스라엘은 북쪽에 있고 유대 지방은 남쪽에 있는 것을 가리킨다. 그러니까 나라가 둘로 갈려져서 북쪽은 이스라엘이 되고 남쪽은 유다가 된다. 구약에 보면 이스라엘은 아버지의 이름이고 유다는 아들의 이름이다. 아브라함의 아들이 이삭이고 이삭의 아들을 우리는 야곱이라고도 하고 이스라엘이라고도 한다. 야곱의 아들이 12형제가 있는데 유다가 그중의 하나다. 예수께서 남쪽지방인 유대로 내려가서 그곳에서 세례를 주셨다는 말이다.

요한도 살렘 가까운 애논에서 세례를 베푸니,
거기 물이 많음이라.
그러므로 사람들이 와서 세례를 받더라.
요한이 아직 옥에 갇히지 아니하였더라.

살렘은 유대 지방의 도시이름이며, 애논은 물이 나오는 오아시스와 같은 곳이라고 생각하면 된다.

이에 요한의 제자 중에서 한 유대인과 더불어
정결예식에 대하여 변론이 되었더니,

요한을 따르는 제자와 예수를 따르는 제자가 서로 만나서 '정결예식'인 세례에 관해 논쟁을 벌였다는 말이다. 여기서 세례란 말은 단순히 물속에 들어갔다가 나오는 의식만을 말하는 것이 아니고, 요한이라고 하는 선생에게 입학하는 것과 졸업하는 것, 두 가지로 생각할 수 있다.

요새 교회에서는 입학하는 사람에게 세례를 주는데 요한 당시에는 졸업 때에 세례를 주었는지도 모른다. 그러니까 자기에게 공부를 배운 사람들에게 이제 그만하면 됐다는 졸업의 의미로 세례를 주었다고 생각할 수도 있다.

세례라고 하는 것은 몸을 깨끗이 한다는 것으로 목욕이나 같은 것인데, 그것은 어디까지나 하나의 상징으로, 말씀으로 마음을 깨끗이 한다는 것으로도 생각할 수 있다. 말씀이란 “물을 쓴다”라는 것처럼 “말을 쓴다”라고 생각해도 좋다. 그러니까 하나님의 말씀을 듣고서 무엇을 하자는 것인가 하면 우리의 마음을 깨끗하게 하자는 것이다. 마음을 깨끗이 하면 어떻게 되는가. 결국 하나님을 보게 되는 것이다.

그래서 말씀이라는 것이 거울이나 마찬가지다. 성경聖經이라는 경經 자가 거울 경鏡 자나 같다. 모든 경전이 다 마찬가지다. 거울 경鏡이다. 그러니까 말을 듣는다고 하는 것은 생각을 하게 된다는 것이고, 생각을 하게 되면 마음이 깨끗하게 되는 것이고, 마음이 깨끗해지면 결국은 하나님을 볼 수 있게 된다는 말이다. 이렇게 생각하면 말씀을 듣는다는 것이 곧 세례가 되고 만다. 말씀을 듣고서 자기가 자꾸 생각하게 되고, 생각을 하여 자기의 세계가 자꾸 높아지게 되고, 자기의 세계가 높아지게 되면 자꾸 깨끗하게 되고, 깨끗해지면 거울처럼 되고, 거울처럼 되면 결국은 보게 되는 것이다. 보는 것이 결론이 된다. 우리가 하나님을 만난다고 하는데 하나님을 만나기 위해서 하나님의 말씀을 듣는 것이지, 하나님을 만난다는 목적 없이 하나님의 말씀을 듣는다는 것은 말이 안 된다.

그런데 하나님은 어떻게 해야 만나게 되나. 결국은 거울에 우리의 얼굴이 비치는 것처럼 우리의 마음이 깨끗해야 하나님을 만나게 되니까, 하나님의 말씀을 듣고서 자꾸 생각하지 않을 수 없게 된다. 생각을 하면 할수록 마음이 자꾸 맑아지고 깨끗해지기 때문이다. 그래서 우리가 자꾸 하나님의 말씀을 듣고 배우게 되고 또 생각하는 것이지, 그렇지 않다면 하나님의 말씀을 배우고 생각할 필요가 어디에 있겠는가. 그러므로 세례란 말도 우리는 세례식만을 생각하지 말고 요새말로 하면 강의講義를 받는다, 라고 생각하면 된다. 강의를 자꾸 들어서 우리 속에서 모르는 것이 자꾸 없어진다, 걸리는 것이 자꾸 없어진다는 뜻이 되고, 그것이 소위 깨끗해진다는 말이다.

그래서 요한의 강의를 듣는 사람들과 예수의 강의를 듣는 사람들이 논쟁을 벌였다, 라고 생각하면 된다.

> **그들이 요한에게 가서 이르되,**
> **랍비여, 선생님과 함께 요단 강 저편에 있던 이,**
> **곧 선생님이 증언하시던 이가 세례를 베풀매**
> **사람이 다 그에게로 가더이다.**

논쟁을 벌이던, 요한의 강의를 듣던 사람들이 요한에게 돌아와 말하기를 당신이 말하던 그 사람, 즉 예수라는 사람도 세례를 주고 있는데 사람들이 모두 그 사람에게 가서 세례를 받고 있습니다, 라고 하였다. 여기서도 세례라는 말을 강의라고 생각하면 될 것이다.

요한이 대답하여 이르되,
만일 하늘에서 주신 바 아니면
사람이 아무 것도 받을 수 없느니라.

역시 하늘로부터 와야지 사람의 생각으로는 되지 않는다는 말이다. 진리라고 하는 것은 하늘로부터 오는 것이지 사람의 생각으로는 나올 수 없는 것이다. 사람의 생각에서 나오는 것을 보통 억견億見이라고 하는데, 억측 또는 편견이라고 할 수 있다. 우리가 비록 사람이 말을 해도 '그것이 진리다'라고 하는 것은 그것이 하늘에서 왔다라고 생각하니까 진리라고 하는 것이고 하나님의 말씀이라고 하는 것이지, 하나님께서 직접 입으로 말씀하신 것은 없다. 바위틈에서 물이 나오나 모래 속에서 물이 나오나 물은 물이지 어디에서 나왔느냐가 중요한 것은 아니다. 물이 어디에서 나왔겠는가. 하늘로부터 나왔다. 그것이 바위틈에서 나오건 모래바닥에서 나오건 문제가 되지 않는다. 그러니까 누구의 입을 통해 나오든지 간에 우리가 진리라고 하면 그것은 하나님의 말씀이다, 라고 말할 수 있다. 그래서 모든 진리는 하나님의 말씀이다. 하늘에서 내려온 물, 그 물이 생수生水이지 그 물을 빼놓고는 생수라고 할 수 없다.

그러니까 언제나 하나님의 말씀은 하늘로부터 주어지지 않는 한 나올 수 없으며, 사람으로부터 나오는 가르침은 결코 진리라고 할 수가 없다. 그러므로 진리는 하늘로부터 주어지는 것이지 사람의 생각으로 되는 것이 아니란 말이다. 우리가 유교에서 말하는 천리天理니 양지良知니 하는 말도 다 하늘로부터 주어진 것이지, 사람의 생각으로 만들어지는 것이 아니다.

내가 말한 바, 나는 그리스도가 아니요,

이 요한이란 사람은 확실히 자기의 한계를 안 사람이다. 자기는 그리스도가 아니라고 분명하게 말한다.

그의 앞에 보내심을 받은 자라고 한 것을
증언할 자는 너희니라.

요한은 그 사람보다 앞서서 길을 준비하는 사람이다, 라는 말이다. 그러니까 사람들이 예수에게 모두 몰려가는 것은 당연한 일이다. 예수가 나보다 훨씬 앞선 사람이니까 그에게 끌려가는 것이 당연하다는 말이다. 그래서 너희들도 누가 옳으니, 그르니 할 것 없이 그를 따르는 것이 마땅하지 않느냐는 것이 요한의 생각이다.

신부를 취하는 자는 신랑이나

백성과 하나가 될 수 있는 사람은 신랑이 되는 그리스도이다. 그리스도가 백성과 만나는 사람이다.

서서 신랑의 음성을 듣는 친구가 크게 기뻐하나니

요한 자신은 신랑의 친구라는 말이다. 자신은 수단이지 목적이 아니라는 뜻이다. 그리스도가 이제 왔으니 그것보다 기쁜 일이 어디 있겠는가.

나는 이러한 기쁨으로 충만하였노라.
그는 흥하여야 하겠고,
나는 쇠하여야 하리라 하니라.

그는 앞으로 계속 발전하여야 하고 나는 이제 물러서야 할 때다, 라는 말이다. 우리는 세례 요한이 예수의 선생이었다고 한번 가정해 볼 수도 있다. 그렇게 생각해서 안 될 것도 없다. 그러니까 예수가 세례 요한에게 배우고 우등으로 세례를 받고 졸업을 했다, 라고 생각할 수도 있다.

그래서 이제 예수도 독립하여 새로 학교를 열었다. 그런데 그 학교로 사람들이 많이 모여들었다. 어느 학교가 좋은가 하고 논쟁이 벌어졌을 때 세례 요한은 예수에게 갈 것을 권유하고 자신의 학교는 이제 문을 닫겠다, 라고 말했다. 그런데 실제로 세례 요한의 학파가 그 후로도 약 200년간을 더 지속하게 된다. 이것을 요한의 대학이라고 생각한다면, 이 학교가 200년을 더 계속했다는 것을 보면 요한을 따르는 제자들도 그 후에도 많이 있었다는 것을 알 수 있다. 그런데 요한이란 사람이 위대한 사람이었다는 것은 확실하다. 자기보다 나은 사람이 있으면 곧 그 사람을 칭찬하고, 그 사람을 높이고 인정하는 것이다.

우리나라 사람에게 부족한 점이 있다면 바로 이러한 점이다. 자기보다 나은 사람이 있다고 하면 어떻게 해서든지 깎아내리려 하고, 크지 못하게 하고, 떨어뜨려 버리려 하고, 죽여 버리는 점이다. 이것이 소위 사색당파라고 하는 것이다. 우리나라의 많은 우수한 인재들이 죽고 희생되고 말았다. 그래서 우리나라에도 자기보다 나은 사람이 나오면 정말 그 사람의 가치를 인정해주고 칭찬하여 줄 수 있는 풍토가 조성되어야 한다.

미국 같은 데 보면 선거 때에 서로 죽자고 싸우다가도 상대편이 당선되면 흔쾌하게 상대방을 받아들이고 박수를 보내고 잘하라고 격려하는 것을 볼 수 있는데 우리도 그러한 것을 본받도록 노력해야 할 것이다.

아브라함 링컨은 자기와 오랜 정적인 사람을 대통령이 된 뒤에 국무장관으로 기용했다는 일화가 있는데, 이러한 것을 보면 링컨의 마음이 얼마나 큰지 알 수 있게 된다. 그래서 사람을 길러주고 키워내고 그리고 자기보다 앞선 사람이 나오면 인정하고 겸허하게 배울 수 있는, 그런 사람이 되어야 하는데 이런 면에서는 우리나라 사람들이 미국이나 일본에 비해 훨씬 떨어진다.

일본 사람들을 보면 자신보다 좀 나은 사람이 있으면 무조건 인정하고 배우려고 애를 쓰는데, 우리나라 사람들은 무조건 배척하고 두고 보자는 식으로 가만두지 못한다. 우리의 약점이 그것이다. 우리는 잘난 사람에게 배우려고 하는 노력이 없다. 자기보다 나은 사람을 보면 시기와 질투를 하게 된다. 사촌이 땅을 사면 축하해주기는커녕 배가 아프게 된다. 남이 잘 되는 것을 두고 볼 수가 없는 것이다. 이것이 곧 망국지병이다. 우리가 나라를 잃게 되는 것도 이런 마음 때문이다.

남이 잘하는 것을 보면 정말 그것을 칭찬하고 기뻐할 수 있어야 한다. 왕양명이 말했듯이 남이 잘한 것은 내가 잘한 것이다, 라고 생각할 수 있어야 한다. 그래야 만물일체지인萬物一體之仁이다.

그래서 우리나라 사람 중에 어느 한 사람이 훌륭한 사람이라고 인정되면 그것을 크게 기뻐하고 내가 잘난 것이나 마찬가지로 생각해야 한다는 말이다. 나보다 나은 사람이 있으면 무조건 그 사람을 칭찬하고 그 앞에 머리를 숙이고 열심히 배워서 그 사람보다 나아지도록 노력해야지, 헐뜯고 미워하고 종당에는 없애 버리려고까지 한다면 그 사회와 나라의 발전은 있을 수 없다. 이러한 것을 볼 때 세례 요한이 참 위대한 사람이라는 것을 알 수 있다.

위로부터 오시는 이는 만물 위에 계시고,

아까도 나왔듯이 진리라고 하는 것은 위로부터 오는 것이고 또 하나님의 말씀이지 이 세상 사람들의 말은 아니다.

땅에서 난 이는 땅에 속하여,
땅에 속한 것을 말하느니라.

그러나 이 세상에서 나온 생각들은 다 편견이지 진리는 아니다.

하늘로부터 오시는 이는,

쉽게 말하면 '진리를 깨달은 사람이야말로' 라는 뜻이다. 우리가 하늘에서 왔다, 라고 하면 마치 하늘에서 떨어진 사람으로 생각하는데 그것이 아니다. 예수도 하늘에서 왔다, 라 하는데 그것도 진리를 깨달은 사람으로 생각하면 쉽게 이해할 수 있다.

만물 위에 계시나니,

진리를 깨달은 사람이야말로 선생이다, 란 말이다.

그가 친히 보고 들은 것을 증언하되

정말 진리 속에서 깨달은 내용을 증언한다는 말이다.

그의 증언을 받는 자가 없도다.

이 세상에는, 진리를 깨달은 사람이 그것을 증언해도 받아들이지 않는 데 문제가 있다. 그러니까 선생이 없는 것이 아니라 학생이 없다는 것이 문제이다.

우리의 고려자기가 왜 그 맥이 끊어졌는가. 선생이 없어서가 아니고 학생이 없어서다. 학생이 없으니까 고려자기의 맥이 끊어질 수밖에 없는 것이다. 아무리 가르쳐 주려고 해도 학생이 없으면 가르쳐줄 수가 없다. 그래서 언제나 문제가 되는 것은 학생이 문제가 되는 것이다.

인간문화재도 마찬가지다. 나는 가끔 TV의 〈6시 내 고향〉이란 프로를 보는데 그곳에 보면 농촌에 사는 인간문화재라는 사람들이 나와서 한결같이 하는 말이 후계자가 없다는 말을 한다. 옛날에는 그나마 강제적으로 시켜서 배우게 하다 보면 저절로 철이 들어서 열심히 하게 되는데, 요새 세상에는 강제적으로도 할 수가 없다. 자발적으로 자기가 좋아서 따라 배워야 하는데 누가 그 가치를 인정하고 배우려고 하겠는가. 그러한 특수한 기술은 어린 나이 때부터 시작해야 하는데, 바둑 같은 것을 배워도 10살 전에 이미 초단을 따야 대성을 기대할 수 있지, 10살이 넘으면 어렵다는 말을 한다. 운동도 요즘 보면 유치원 때부터 시작해야 대선수로 자랄 수 있는 종목도 많다. 그러니까 가능하면 일찍 시작해야 되는데, 인간문화재의 가치를 인정하고 자발적으로 일찍부터 따라 배우겠다는 생각을 한다는 것이 요즘 세상에서는 쉽지 않은 것이다.

얼마 전에 한국에서 연주를 했던 세계적인 피아니스트 루빈스타인은 인터뷰에서 자기의 나이가 72살인데, 자신은 5살 때부터 지금까지 매일 5시간 이상씩 피아노를 치지 않은 날이 없었다고 한다. 5살 때부터 자발적으로 한다는 것은 있을 수 없다. 처음에는 부모가 강제적으로 가르치다가 어느 정도 지나면 자기 스스로 좋아해서 열심히 하게 되면 대성하기가 쉬운데 인간문화재 같은 것을 어느 부모가 어린 나이 때부터 강제적으로 따라 배우게 할 것인지, 그것이 문제가 되는 것이다. 그러니까 자꾸 그 맥이 끊어지고 말게 된다. 그래서 결국 그 기술과 능력이 사라지게 되고 만다. 앞으로 점점 더 한국의 훌륭한 문화유산인 인간문화재의 맥이 끊어져 갈 것이라는 걱정이 된다.

하여튼 그러한 것을 배우는 제자가 있다는 것은 정말 기쁜 일이다. 세례 요한에게도 예수라는 제자가 있다는 것이 정말 기쁜 일이었다, 라고 생각할 수도 있다. 그래서 요한은 "지금 나는 이런 기쁨으로 완전히 차 있다"[1]는 말을 하는 것이다.

그런데 정말 제자라고 하는 것을 얻기란 어려운 일이다. 그래서 공자도 제자가 있느냐는 물음에 답하기를 정말 제자를 얻

1. 고병려(1987), p. 15

는다는 것이 어렵다, 라고 한다. 그래서 여기에서도 "하늘로부터 주어지지 않는 한, 사람은 결코 아무것도 받을 수가 없다"라 한 것이다.[2] 예수께서도 말하기를 "하늘이 보내주지 않으면 제자들을 얻을 수 없다"고 하였는데 "하늘이 보내주지 않는다"는 말은 인간의 힘으로는 되는 것이 아니다, 란 뜻이다.

그의 증언을 받는 자는,
하나님이 참되시다는 것을 인쳤느니라.

정말 제자가 되어 선생님의 말을 받아들이기만 하면, 하나님이 참되심을 인정하게 된다는 말이다. 다시 말해서 진리를 깨닫게 된다는 말이다. 정말 진리를 깨달은 사람의 말을 듣기만 한다면 그 사람도 진리를 깨닫게 된다는 말이다.

하나님이 보내신 이는
하나님의 말씀을 하나니,

진리를 깨달은 사람은 진리를 전하기 때문이다.

이는 하나님이 성령을 한량없이 주심이니라.

이 성령이란 것이 요한복음 14장에 보면 '진리의 영靈'이다. '하나님께서 진리를 깨닫게 해주신다'라 할 때 진리를 깨닫

2. 앞의 책, p. 15

게 해주는 진리의 영을 우리는 보통 성령이라고 한다. 그러므로 성령을 보내주시어 진리를 깨닫게 되는 것이다. 요전에도 "물과 성령으로 다시 나지 않으면"을 '진리와 성령으로' 라고 설명했는데, 성령을 통해서 진리를 깨닫게 되는 것이다.

아버지께서 아들을 사랑하사
만물을 다 그의 손에 주셨으니,

모든 것을 지배하는 권리를 아들에게 주었다는 말이다. 그러니까 진리라고 하는 것이 무엇인가 하면 모든 것을 지배하는 권리이다. 간단히 말하자면 그렇다. 노하우(Know-how)라는 것이 무엇인가. 모든 것을 생산할 수 있는 요령이다. 마찬가지로 진리라는 것도 모든 것을 지배할 수 있는 힘, 그것이다.

아들을 믿는 자에게는 영생이 있고,

진리를 깨달은 사람을 믿는 사람은, 진리를 깨달은 사람을 좇는 사람은 영원한 생명, 다시 말해 진리를 가질 수 있게 된다. 영원한 생명이나 진리나 같은 말이다. 진리를 깨닫게 될 수 있는 것이다. 우리가 요전에도 진리와 실존이란 것을 말했는데 '진리가 곧 실존' 이다. '빛=힘' 이나 마찬가지다. 그러니까 빛과 힘, 진리와 생명이 다 같은 말이다. 이것을 보통 '즉卽' 이란 말로 연결하여 '빛 즉 힘', '진리 즉 생명' 이라고 하는데, "나는 생각한다. 고로 나는 있다"라 할 때 '고로' 가 '즉' 이란 말로서 생각이란 말이 사유思惟니까 '사유 즉 존재' 가 된다. 그런데 생각한다는 말이 '각覺이 나온다' 는 말로서 다시 말한다면 '진리를 깨닫는다' 는 뜻이 되어 '진리를 깨달으면 그것이 곧 존재이다' 라는 말이 된다.

존재란 말은 내가 서 있다, 란 뜻으로 입장이란 말로 할 수도 있겠다. 또 존재란 말이 "To be or not to be"의 '삶이냐, 죽음이냐' 의 뜻으로 생각하면 존재가 곧 생명이란 뜻도 될 수 있다. 그래서 진리를 깨달으면 그것이 존재요, 그것이 생명이다.

그래서 자기가 알 수 있는 세계까지는 알 수 있도록 최선을 다해야 한다. "아들을 믿는 자에게는 영생이 있고" 진리를 깨달은 사람은 영원한 생명이 된다. 진리 곧 영원한 생명이다. 진리를 깨달은 후에 또 영원한 생명을 가져야 하는가, 그것이 아니다. 진리를 깨닫는 것, 그것이 곧 영원한 생명이 되는 것이다. 바꾸어 말하면 산꼭대기에 도달하면(존재存在), 전체를 다 볼 수 있는 것이다(진리眞理).

아들에게 순종하지 아니하는 자는

통 배우려 하지 않는 사람은, 진리와 먼 사람은,

영생을 보지 못하고,

생명이 무엇인지 알 수 없다.

도리어 하나님의 진노가 그 위에 머물러 있느니라.

결국 저절로 망하게 된다는 말이다. 생명을 얻지 못하고 죽음에 이르고 만다.

오늘 공부한 내용은 좀 이해하기가 어려운데, 깊이 생각하여 무엇을 말하는지 그 요령을 잡아야만 한다. 그러니까 쉽게 말하면, 진리를 깨달은 사람에게 배워야 진리를 깨달을 수 있지, 진리를 모르는 사람에게 아무리 배워도 진리를 알 수가 없다는 말이다. 또 배울 때는 정성을 다해야 깨달음에 도달할 수 있고, 그 목적이 확실하지 않으면 안 된다. 요즘 대학처럼 진리를 알려고 공부하는 것인지, 출세를 하려고 공부하는 것인지, 그 목적이 확실하지 않게 되면 아무런 쓸모가 없다는 말이다. 정말 진리를 아는 사람을 만나 확실한 목적을 갖고, 정성을 다해 노력해 나간다면 진리를 깨닫는 때가 반드시 오게 될 것이다.

제 4 장

믿 음

기 도

하나님께서 저희들에게
생명의 샘물을 허락하여 주시고
우리들이 언제나 이 샘물가에서
아름답고 즐거운 삶을
살 수 있도록 하여 주신 데 대해서
진심으로 감사를 드립니다.

이 샘물을 마시는 자마다
영원히 목마르지 않고
영원히 죽지 않는다는 것을
저희들이 확실히 믿고
지금까지 살아 왔습니다.

앞으로도 계속해서
이 샘터에서 살 수 있는
저희들이 될 수 있도록
도와주시옵소서.

오늘도 하나님께서
저희들에게 한없이 시원한 샘물을
부어 주실 것을 믿사오며
이 모든 말씀
예수님 이름 받들어 기도 드리옵니다.
아멘.

13. 생명의 샘물

1993년 5월 30일

요한 4:1~26

예수는 그동안 사해 부근에 머무시다가 갈릴리 호수로 돌아오는데, 약 250리 거리의 길을 걸어서 오게 된다.

예수께서 제자를 삼고 세례를 베푸시는 것이
요한보다 많다 하는 말을
바리새인들이 들은 줄을 주께서 아신지라.
예수께서 친히 세례를 베푸신 것이 아니요
제자들이 베푼 것이라.

여기서 이러한 설명을 덧붙인 것을 보면, 예수께서는 세례를 주지 않았고 제자들이 세례를 주었다는 말인데, 예수는 세례를 주는 사람이 아니다, 라고 생각한 것 같다. 다시 말해서 예수는 성령으로 세례를 주지, 물로 세례 주는 사람은 아니다, 란 말이다.

그러한 생각이 제자들의 마음속에 자리 잡고 있었기 때문에 이런 말을 한 것 같다. 물로 세례를 주는 것이 요한이나 하는 것이지 그보다 더 높으신 예수께서 물로 세례를 주겠는가, 라고 제자들은 생각한 것이다. 그래서 물로 세례를 준 것은 예수의 제자들이었다, 라는 설명을 덧붙여 놓은 것이다.

유대를 떠나사

유대 땅은 남쪽을 말한다. 사해 부근이 유대 땅이다. 그러니까 예루살렘이 있는 곳도 유대 땅이다.

다시 갈릴리로 가실 새

갈릴리는 북쪽에 있는 호수다. 사해에서 약 100km 정도 북쪽에 갈릴리 호수가 있다. 그 호수의 북쪽 약 50km에 백두白頭라는 이름의 헬몬 산이 있다.

사마리아를 통과하여야 하겠는지라,

사마리아는 예루살렘과 갈릴리 호수의 중간쯤에 위치하고 있다. 이 사마리아 지방의 수도가 사마리아이다. 본래 북쪽지방을 이스라엘, 남쪽지방을 유다라고 불렀는데, 우리나라로 보면 남한과 북한으로 나누어서 생각할 수 있다. 그래서 예루살렘이 남한의 수도라고 한다면 사마리아는 북한의 수도라고 생각할 수 있다. 북한의 평양과 같은 도시다. 그런데 북쪽 이스라엘이 지리적으로 강대국과 인접해 있어 아시리아, 바빌론, 페르시아, 그리스, 로마 등의 수많은 강대국들이 차례로 침공하게 된다. 그래서 수도인 사마리아가 쑥대밭이 된 적이 많았다. 선지자 엘리야와 이사야가 살았던 곳도 이 사마리아로서 원래 사마리아를 처음 수도로 정한 왕은 엘리야와 싸웠던 아합 왕의 아버지인 오므리 왕이었다.

유대 사람들이 사마리아를 경멸하게 된 것은 이러한 열강들의 오랜 식민지로 이민족들과의 결혼으로 혼혈이 되고, 다른 종교의 이입으로 인해 이교도의 땅으로 변해 갔기 때문이다. 로마 시대에도 로마 신전이나 로마 황제의 흉상들이 많이 세워졌다고 한다. 하나의 역사적인 운명이라고 할 수 있는데, 하여튼 순수한 유대인들은 이들 지방 사람들을 오랑캐처럼 혐오하고 멸시하게 되었던 것이다.

이렇게 보면 사마리아의 역사라는 것이 우리나라 북한의 역사와 마찬가지라는 생각이 든다.

사마리아에 있는 수가라 하는 동네에 이르시니

수가라는 곳은 사마리아 지방의 수도인 사마리아에서 약 3, 40리 떨어진 조그마한 촌락이다.

야곱이 그 아들 요셉에게 준 땅이 가깝고
거기 또 야곱의 우물이 있더라.

이스라엘 지방은 사막지대니까, 사막지대에서는 오아시스가 굉장히 소중한 곳이다. 그곳에 우물이 있었다는 말이다.

예수께서 길 가시다가 피곤하여
우물곁에 그대로 앉으시니
때가 여섯 시쯤 되었더라.

여기서 6시경이란 낮 12시경을 말한다.

사마리아 여자 한 사람이 물을 길으러 왔으매
예수께서 물을 좀 달라 하시니
이는 제자들이 먹을 것을 사러
그 동네에 들어 갔음이러라.
사마리아 여자가 이르되
당신은 유대인으로서
어찌하여 사마리아 여자인 나에게
물을 달라 하나이까 하니
이는 유대인이 사마리아인과
상종하지 아니 함이러라.

그 당시에는 유대 사람들은 사마리아 사람들과 교제가 끊어져 있었다. 유대 사람들이 사마리아 사람들을 천하게 생각하고 멸시하여 서로 접촉하지 않았다는 말이다.

예수께서 대답하여 이르시되
네가 만일 하나님의 선물과 또 네게 물 좀 달라 하는 이가
누구인 줄 알았더라면 네가 그에게 구하였을 것이요
그가 생수를 네게 주었으리라.

영원한 샘물이란 요새말로 말하자면 진리라는 말이다. 다시 말하여 하나님의 말씀이다. 그러니까 예수 자신이 진리를 깨달은 사람이니까, 원한다면 진리를 가르쳐 주었을 것이다, 라고 하는 것이다.

여자가 이르되,
주여, 물 길을 그릇도 없고, 이 우물은 깊은데
어디서 당신이 그 생수를 얻겠사옵나이까.

그런데 이 사마리아 여인은 예수의 말귀를 잘못 알아듣고 있다. 언제나 진리라는 것은 깨끗한 찬물로 비유가 되는데, 사람은 이 깨끗한 샘물을 마셔야 하는 것이다. 우리가 깨끗한 샘물을 구하는 것이나, 진리를 구하는 것이나 마찬가지로 볼 수 있다. 더구나 사막지대에서는 이 깨끗한 샘물이 더욱 중요한 것이다.

우리 조상 야곱이 이 우물을 우리에게 주셨고
또 여기서 자기와 자기 아들들과 짐승이 다 마셨는데
당신이 야곱보다 더 크니이까.

사마리아 여인이 말하기를 자기네들의 가장 위대한 조상인 야곱이 만든 우물보다 더 훌륭한 샘물을 줄 수 있느냐, 라고 반문하는 것이다.

예수께서 대답하여 이르시되
이 물을 마시는 자마다 다시 목마르려니와
내가 주는 물을 마시는 자는
영원히 목마르지 아니하리니
내가 주는 물은 그 속에서
영생하도록 솟아나는 샘물이 되리라.

쉽게 말하면 진리를 가져야 자유가 있다는 말이다. 건강한 정신을 가져야 건강한 육체가 될 수 있는 것이다. 자성자족自性自足이다. 진리를 붙잡으면 다시는 목마르지 않는 건강한 정신이 되고, 건강한 정신을 갖게 되면 건강한 육체가 되는 것이다. "내가 주는 물은 그 속에서", 내가 주는 하나님의 말씀이, 진리의 말씀이 그 사람의 마음속에서 자꾸 생각을 일으키게 하여 깊이 생각하게 되어서, "영생하도록 솟아나는 샘물이 되리라." 건강한 정신으로 만들어 주는 생명의 말씀이 될 것이다.

하나님의 말씀을 듣고 자꾸자꾸 생각하는 사람이 되어야 한다. 우리나라 사람들에게 필요한 것이 생각하는 것이다. 아까도 말했지만 우리나라 사람들이 싸움하기를 좋아한다는 말은 감정적이란 말이다. 좀 더 이성적이 되기 위해서는 생각하는 습관을 기르는 것이 필요하다. 그래서 생각을 자꾸 함으로써 성숙한 인격으로 바뀌어가야 한다. 그런데 생각이란 것도 그저 생각하는 것이 아니라 하나님의 말씀이란 것을 갖고서 생각해야 한다.

하나님의 말씀이란 것이 곧 얼음과 같이 냉철한 이성이다. 하나님의 말씀, 곧 얼음덩이에 부딪쳐야 하는 것이다. 하나님을 우리말로 하면 '얼이신' 분이다. '얼' 이라는 것을 우리는 '얼음이다' 라고 생각하면 된다. 그래서 높은 산꼭대기의 얼음이 자꾸자꾸 녹아 내려와서 영원한 샘물이 된다고 생각할 수 있다. 하나님의 얼김을 쐰다, 라고 생각하는 것이다. 하나님의 얼김이 성령이다.

우리가 "얼씨고, 절씨고"라고 하는데 김치를 담을 때는 역시 날씨가 차서 얼 정도가 되어야 하고, 소금에 절여야 하는데 이것이 제대로 되어야 김치가 익지 그렇지 않으면 알맞게 숙성이 되지 못한다. 그래서 날씨와 소금이 김치의 발효에 가장 중요한 것이다.

얼 정도의 날씨가 중요한 것인데 하나님의 말씀이란 것이 우리에게 와서 부딪치면 그 얼이 물로 바뀌게 된다. 우리가 성령과 진리라는 말을 하는데, 성령이 얼이고 진리가 물이다, 라고 생각할 수 있다. 그러니까 이것이 둘이 아니라 얼음이 녹으면 물이 되고, 물이 얼면 얼음이 된다. 마찬가지다. 그래서 얼음과 물이라고 생각해도 좋다.

우리가 하나님의 말씀(성령)에 부딪쳐서 계속 생각해 나가다 보면 높은 산이 되어 우리 속에 얼음을 갖게 되고, 그 얼음이 녹아내리면 "내 속에 있는 생수(진리)가 강같이 흐른다"라는 말이 된다.

이렇게 얼음이 녹아 생수가 흐를 정도가 되려면 우리의 인격이 높아져야 한다. 에베레스트 산처럼 높아져야 영원한 생수가 흐를 수 있다. 인격이 높아져야 진리가 쏟아져 나올 수 있다.

스위스에 가보면 알프스 산이 높으니까 얼음이 녹아서 풍부한 수량의 라인 강이 되는 것이다. 에베레스트 산처럼 높으니까 갠지스 강이 되는 것이지 높지 않으면 큰 강이 나올 수 없다. 높은 인격이 되어야 얼음이 얼 수 있고 또 생수가 흐를 수 있다. 어떻게 하면 높은 인격을 갖출 수 있을까, 그것이 문제다.

4,000m는 되어야 얼음이 얼지 3,000m로는 부족하다. 우리나라의 백두산은 역시 3,000m가 못되니까 여름이 되면 얼음이 다 녹고 만다. 일본의 부사 산도 3,000m를 조금 넘는데 여름이 되면 다 녹고 만다. 그러니까 여름에도 얼음이 녹지 않는 산이라야 끊임없이 생수가 흐르게 된다.

그래서 어떻게 하면 우리의 인격의 산을 얼음이 얼 정도로 높일 수 있을까 하는 것이 문제이다. 그런데 옛날사람은 이렇게 높이는 것을 간단하게 생각했다. 높을 고高나 괴로울 고苦를 같다고 생각한다. 석가의 6년 고행苦行이 무엇인가 하면 높이는 하나의 길이다. 그것이 하나의 방법이었다.

옛날에는 이러한 고행이 쉬웠는데 요새 사람들에게는 참 어려운 것이 되고 말았다. 그래서 차가운 생수가 나오기가 어렵게 된 것이다. 그러면 요새 사람들은 어떻게 해야 할까? 고행이 아닌 또 다른 길은 없을까, 그것이 문제이다.

예수도 40일 금식이다. 고행을 통해 높아져서 자신의 머리에 얼음이 얼게 된 것이다. 그것을 보고 성령이 하늘에서 내려온다, 라고 한다. 양명이 말하는 사상마련事上磨鍊이란 것도 그것이다. 현실에 부닥쳐서 자신을 닦아나간다는 것도 결국은 고행을 말하는 것이다.

그래서 젊어서 고생은 금을 주고서도 못 산다, 라는 말이 나온다. 사람이란 고생 없이 사람 된다는 것이 참 어렵다. 고행이란 다른 것이 아니다. 금욕이다. 향락에 빠지는 것이 낮은 생활이라면 욕심을 끊는 것이 높은 생활이다. 그래서 옛날 사람들은 6년 일식이나 40일 금식을 하게 된 것이다. 그러니까 금욕적인 생활을 통해 자신의 인격을 높이는 것이다. 그것이 수도의 방법이었다. 그것을 통해 한없이 높아지는 것이다. 산이 높아진다,

라고도 생각할 수 있지만 더 높아져서 별이 된다, 라고 옛날사람들은 또 생각했다. 마치 인공위성을 쏘아 올리면 한없이 높아져서 별이 되는 것과 마찬가지다. 석가가 보리수 아래서 새벽에 샛별을 보았다, 라 하여 견성見星(性)이라는 말을 하는데 그것이 곧 진리를 깨달았다는 말이다.

그래서 진리라는 것을 별로서 비유하는 것이다. 얼음보다도 더 높게 별을 생각하는 것이다. 가장 높은 경지를 별로서 비유하는 것이다. 천명天命(明) 지위성之謂性(星)이다. 하늘에 빛나는 것이 별이다. 그러므로 별이 되면 빛을 발한다 하고, 얼음이 되면 생수가 나온다고 하는 것이다.

별이 되어 빛이 되든지 얼음이 되어 생수가 되든지, 그것이 소위 영원한 생명을 말하는 것이다. 영원한 생명이란 것이 별이란 말이고, 영원한 생명이란 것이 얼음이란 말이다. 얼음이란 것은 만년이 가도 썩지 않는다. 영원히 변하지 않는 것으로, 금강석, 얼음, 별 같은 상징을 쓸 수밖에 없다. 상징을 쓰지 않고는 표현할 수가 없다. 그래서 주역 계사에 보면 "사람이 아무리 글을 써도 말을 다 드러낼 수 없고, 아무리 말을 해도 뜻을 다 드러낼 수가 없다. 그렇다면 뜻을 드러내는 방법은 없는가? 있다. 그것은 무엇인가 하면 상징을 쓰면 된다"라고 되어 있다. 상징을 쓰면 넉넉히 드러낼 수가 있다는 말이다.

여기서 말하는 얼음, 금강경에서 말하는 금강석, 중용의 천

명지위성天命之謂性에서의 별, 이러한 것들이 다 하나의 상징이다. 그런데 이러한 상징들이 다 '영원한 생명'을 가리키는 것이다. 그러니까 '진리=영원한 생명'이다. '얼음=영원한 생명'이다. '별=영원한 생명'이다. 그러니까 이러한 것이 다 말하는 방법이다. 요한은 이런 식으로 표현한 것이다. 우리는 또 우리식으로 이해하는 수밖에 길이 없다.

> 여자가 이르되
> 주여, 그런 물을 내게 주사
> 목마르지도 않고 또 여기 물 길으러 오지도 않게 하옵소서.
> 이르시되 가서 네 남편을 불러 오라.
> 여자가 대답하여 이르되 나는 남편이 없나이다.
> 예수께서 이르시되 네가 남편이 없다 하는 말이 옳도다.
> 너에게 남편 다섯이 있었고 지금 있는 자도
> 네 남편이 아니니 네 말이 참되도다.
> 여자가 이르되 주여 내가 보니 선지자로소이다.
> 우리 조상들은 이 산에서 예배하였는데
> 당신들의 말은 예배할 곳이 예루살렘에 있다 하더이다.

여기서 이 산은 게리심 산을 말하는데 바로 수가라는 고장의 앞에 있는 산이다. 그러니까 이스라엘이 남북으로 갈라진 다음에 남쪽에는 예루살렘에 성전이 있었고, 북쪽에도 이 게리심 산에 성전을 지었다. 그래서 이사야나 예레미야 같은 예언자들도 이 산에서 예배를 드렸다고 볼 수 있다.

예수께서 이르시되 여자여 내 말을 믿으라.
이 산에서도 말고, 예루살렘에서도 말고
너희가 아버지께 예배할 때가 이르리라.

이것은 예수의 아주 파격적인 말이다. 예배의 장소가 이 산도 예루살렘도 아니다, 라는 말은 그 당시로 보아서는 아주 파격적인 말이다.

너희는 알지 못하는 것을 예배하고
우리는 아는 것을 예배하노니

당신들은 아무것도 모르고 하나님을 경배한다고 하여 왔지만 우리는 계시를 받아 하나님께 예배한다는 말인데, 여기서 계시하시는 하나님을 유대 사람들은 '야훼' 라고 한다. 계시하지 않는 하나님을 '엘로힘' 이라고 한다. 이 둘은 합치면 '엘리야' 가 된다. 그러니까 유대 사람들의 관념 속에는 이 두 가지를 다 갖고 있는데 '야훼' 라고 할 때는 계시하시는 하나님이고, '엘리' 라고 할 때는 일반적으로 말하는, 계시라고 하는 것을 생각할 수 없는 신神을 뜻한다.

이는 구원이 유대인에게서 남이라.
아버지께 참되게 예배하는 자들은
영과 진리로 예배할 때가 오나니 곧 이 때라.
아버지께서는 자기에게 이렇게 예배하는 자들을 찾으시느니라.

여기서 "영과 진리로"라는 말이 중요한 말이다. '신령神靈과 진리眞理로' 라는 말인데, 동양적으로는 맹자의 진심편에 나오는 "존심양성存心養性이 사천事天이다"란 말이다. 하나님을 섬기는 것이 어떻게 하는 것인가? '존심양성' 하는 것, 그것이 하나님을 섬기는 것이다. 존심양성이란 정신을 일깨워서 자기 자신을 발전시킨다는 말이다. 이 말이 신령과 진리로 예배한다는 말과 통할 수 있는 말이라고 나는 생각한다. 신령과 진리로 예배한다는 말이 정신을 차려서 진리를 깨닫는다는 말이며, 그것이 곧 하나님을 섬긴다는 말이다. 진리를 깨닫는 것이 하나님을 섬긴다는 말이지 교회만 열심히 다니는 것이 하나님을 섬긴다는 말은 아닌 것이다. 결국은 내가, 내가 되는 것이 하나님을 섬기는 것이다. 하나님께서 나에게 가장 바라시는 것이 있다면 결국 내가, 내가 되는 것이다. 우리가 그렇게 생각할 수 있는 것이다.

우리가 하나님의 아들이 되는 것, 그것을 하나님께서는 가장 바라시는 일이다, 라고 생각할 수 있다. 그래서 존심양성사천存心養性事天이다. 존심存心을 해서 양성養性해 나가는 것, 그것이 하나님을 섬기는(사천事天) 것이다.

하나님은 영이시니
예배하는 자가 영과 진리로 예배할지니라.

아까 말했듯이 하나님은 얼음이시니까 응당 얼음과 물로써 찾아가야만 한다. 물로 찾아가야 얼음이 되고, 얼음이 되어야 물이 나올 수 있다.

여자가 이르되
메시아 곧 그리스도라 하는 이가 오실 줄을 내가 아노니
그가 오시면 모든 것을 우리에게 알려 주시리이다.
예수께서 이르시되, 네게 말하는 내가 그라 하시니라.

내가 바로 그리스도이다. 예수가 "내가 그리스도이다"라고 말한 곳이 성경에는 거의 찾아보기 어렵다. 이곳에서 말한 한 번밖에 없는 것으로 생각된다. 내가 곧 얼음이다. 내가 너에게 진리를 전해 줄 수 있는 바로 그 사람이다, 라는 말이다. 우리는 '그리스도'라는 말을 여러 가지로 해석할 수 있겠지만 그저 가장 가깝게 '그리스도는 진리다'라고 생각하여 '그리스도를 믿는다'라는 말은 곧 '진리를 믿는다'라고 하면 별로 큰 잘못이 없다는 생각이 든다. 누구든지 진리를 찾게 되어 있으니까 예수라는 인격人格을 진리를 통해서 찾아가는 것, 그것이 가장 무난하고 바른 방법이 아니겠는가, 라고 생각한다.

기 도

우리가 오늘 살고 있는 것은
내 힘으로 사는 것이라고 착각하기 쉽지만
우리는 나라의 힘 때문에 살고 있고,
더 크게는 세계의 힘 때문에 살고 있고,
또 더 크게는 하나님의 힘 때문에 살고 있습니다.

언제나 나 이전에 뿌리가 있다는 것을 깊이 알아
이 뿌리를 한없이 소중히 생각하면서 살아가는
저희들이 될 수 있도록 도와주시옵소서.
특별히 이 뿌리를 위해서
많은 사람들이 생명을 바쳤습니다.

그 사람들의 공로로 저희들이 오늘도 살고 있다는 것을
우리가 깊이 느끼고 그분들에 대해서 한없는 감사를 드립니다.

그리고 또한 우리들도 이 뿌리를 위해서
우리의 생명을 바칠 수 있도록
당신께서 도와주시옵소서.

나라 없이는 내가 없다는 이 생각을
우리 온 민족이 가질 수 있는
오늘 하루가 될 수 있도록 도와주시옵소서.
이 모든 말씀
예수님의 이름 받들어 기도 드리옵나이다.
아멘.

14. 믿음과 영생

1993년 6월 6일

요한 4:27~42

이때에 제자들이 돌아와서
예수께서 여자와 말씀하시는 것을 이상히 여겼으나
무엇을 구하시나이까, 어찌하여 그와 말씀하시나이까,
묻는 자가 없더라.
여자가 물동이를 버려두고 동네로 들어가서
사람들에게 이르되
내가 행한 모든 일을 내게 말한 사람을 와서 보라.
이는 그리스도가 아니냐 하니,
그들이 동네에서 나와 예수께로 오더라.

요전에 예수께서 사마리아 여인의 비밀을 다 알고 있었다는 말이 나왔는데 사마리아 여인이 예수가 그리스도일 것 같다고 시내로 들어가 사람들에게 알리자 많은 사람들이 예수께로 몰려들게 되었다.

그 사이에 제자들이 청하여 이르되, 랍비여 잡수소서.
이르시되 내게는 너희가 알지 못하는 먹을 양식이 있느니라.
제자들이 서로 말하되, 누가 잡수실 것을 갖다 드렸는가 하니,
예수께서 이르시되,
나의 양식은 나를 보내신 이의 뜻을 행하며
그의 일을 온전히 이루는 이것이니라.

이 요한복음 4장 34절의 말은 상당히 유명한 말이다. 주기도문에서 "우리에게 일용할 양식을 주옵시며"라 했는데 '일용할 양식'이 무엇인가라 할 때, 이 요한복음 4장 34절이 가장 적합한 대답이다. '일용할 양식'이란 곧 우리에게 맡겨진 사명이다. 우리에게 맡겨진 사명이 가장 소중한 일용할 양식이라고 생각하는 것이다.

그러니까 사람에게는 언제나 사명이 있어서 그 사명을 다하는 그것이, 어떻게 보면 밥 먹는 일보다도 더 소중한 것이다. 그래서 "사람이 밥으로 사는 것이 아니라 말씀으로 산다"라는 말도 같은 말이다. 그러므로 그 사명을 완수해야 하며, 오늘도 수많은 사람들이 그 사명을 완수하기 위해 목숨을 바치는 것이다. 국가라고 하는 뿌리를 위한 것이 나에게는 사명이며, 그 사명을 다하기 위해서 많은 사람이 목숨을 바친다. 왜 목숨을 바치는가 하면 우리에게는 그것이 가장 소중하기 때문이다. 사람에게는 누구에게나 사명이라고 하는 것이 있는데 그 사명을 위해서는 죽어도 좋다는 것이 되고 마는 것이다. 예수도 그 사명을 완수하기 위해 서른세 살의 나이에 죽게 되는 것이다.

예수가 서른셋에 죽었다고 해서 "그것 참 안 됐다"라고 생각하는 사람은 없을 것이다. 세례 요한도 서른셋의 나이에 죽게 되는데, 이 요한의 죽음에 대해서도 안타까워하는 사람들은 없을 것이다. 왜냐하면 자기의 할 일을 다 마쳤기 때문이다. 자기의 할 일을 다 하지 못하고 산다면 아무리 오래 살아도 쓸모없는 삶이 되고 만다. 역시 사명을 다하고 죽어야 가치 있는 인생이 된다.

그래서 사람에게는 이 사명이 중요한 것으로, 칸트는 이것을 '의미'라고 했는데 공자도 자신의 의미를 언제 알게 되었나 하면 "오십五十에 지천명知天命" 즉 오십 살이 되어서야 비로소 자신의 할 일이 무엇인지, 그것을 알게 되었다는 말이다. 석가는 자기의 사명을 언제 알게 되었는가 하면 서른다섯 살의 나이에 자신의 사명을 깨닫게 되었다. 각覺이라고 하는 것이 바로 자기의 사명을 알았다는 말이다. 그래서 자신의 사명을 안다는 것이 중요하다. 예수는 자기의 사명을 언제 알았는가? 마가복음을 보면 우리는 서른 살에 알았다는 것을 알 수 있다. 그리고 삼 년동안 그 사명을 위해 살다가 다 이루고 죽었다고 되어 있다. 그래서 예수의 생이 의미가 있는 것이다. 만약에 사명을 모르고 살면, 살아도 사는 것이 아니다. 사명을 알고 살아야 그것이 제대로 된 인생을 사는 것이며, 그것이 또한 종교의 가르침이 아니겠는가.

너희는 넉 달이 지나야 추수할 때가 이르겠다 하지 아니하느냐.
그러나 나는 너희에게 이르노니
너희 눈을 들어 밭을 보라. 희어져 추수하게 되었도다.

아직 봄이니까 추수하려면 몇 달을 기다려야 하는데, 다시 말해서 자연적으로 말하면 넉 달이 있어야 가을이 오지만, 인간적으로 말하면 벌써 가을이 왔다는 뜻을 비유로 말한 것이다. 눈앞의 곡식밭을 보라는 말은 눈앞의 사람들을 보라는 뜻이다. 자연적인 곡식이야 이제 겨우 싹이 트는 때이지만 여기서는 인간적인 곡식을 보라는 말이다.

"희어져 추수하게 되었도다." 사람들은 벌써 다 익어서 추수를 기다리고 있다. 물론 여기서는 모여든 사마리아 사람들을 보고 하는 말이다. 사마리아 사람이라면 유대 사람들은 멸시하고 상종도 못하는 인간으로 생각하지만, 실제로 사마리아 사람들을 대해 보니 거의 다 익어가는 성숙한 사람들이라는 뜻도 되겠다.

거두는 자가 이미 삯도 받고 영생에 이르는 열매를 모으나니

예수께서 사마리아 여인을 만났을 때 벌써 추수할 때가 되어가는 사람임을 알았다는 말이다. 유대 사람들에게는 아무리 자신이 그리스도임을 보여주어도 볼 수 있는 자가 아무도 없었는데 이 사마리아 여인은 바로 그리스도임을 알아보았다는 말이다. 그러니까 이 사마리아 여인이 유대 사람보다도 더 성숙한 사람이다, 라고 말하는 것이다.

이는 뿌리는 자와 거두는 자가 함께 즐거워하게 하려 함이라.

사마리아 사람들은 어떻게 추수할 때가 될 정도로 성숙하게 되었을까. 억지로 말한다면 하나님께서 그렇게 만들었다라고 할 수밖에 없다. 하나님의 충만한 은혜로 벌써 하얗게 익게 되었다. 너희들은 사마리아 사람들을 유대교인이 아니라고 해서 비난하고 멸시하지만 사마리아인이 너희들보다도 훨씬 앞서서 성숙하게 되었다는 말이다. 그러니까 너희들이 갖고 있는 종교적인 아집에서 벗어나라는 뜻도 된다.

그런즉 한 사람이 심고
다른 사람이 거둔다 하는 말이 옳도다.

이들의 속담에 "심는 사람이 따로 있고, 거두는 사람이 따로 있다"라는 말이 있는데, 예수께서도 모르게 하나님께서 벌써 이 사람들을 성숙하게 만들어 놓으셨다. 그래서 여기 와보니 이러한 속담이 사실임을 알게 되었다는 말이다. 그리하여 하나님께서 심으시고 나는 거두게 되었다. 그렇게 되니 하나님도 기쁘시고 나도 기쁘다, 라는 말이다.

내가 너희로 노력하지 아니한 것을 거두러 보내었노니
다른 사람들은 노력하였고
너희는 그들이 노력한 것에 참여하였느니라.

벌써 이 사람들은 거의 다 익었으니까 당신들은 그저 가서 거두기만 하면 된다, 라는 말이다.

스페인 시대에 남북 아메리카에 선교사들을 보냈는데, 그 선교사들이 쓴 책들이 지금까지 남아 있다고 한다. 그런데 그 책 속에는 어떤 내용이 있는가 하면 선교사들이 들어가 인디언들을 만나보니 그렇게 선善할 수가 없다는 것이다. 그러니까 그 사람들에게 특별히 더 전도할 것이 없었다는 말이다. 종교적이라는 자신들보다도 훨씬 더 선량한 사람들이었다는 말이다. 결국은 백인들이 들어가 많은 인디언들을 죽이고 짓밟고 말았는데, 그 선교사의 기록에 의하면 자기들보다도 훨씬 더 성숙되어 있는 사람들이라고 되어 있다. 그럴 수도 있다는 것을 여기 있는 구절을 통해 알 수 있다. 그래서 가서 조금만 도와주면 바로 거두어들일 수 있는 사람이다, 라는 말이다.

여자의 말이, 내가 행한 모든 것을
그가 내게 말하였다 증언하므로

그 동네 중에 많은 사마리아인이 예수를 믿는지라.

사마리아 여인의 이야기를 듣고 난 그 마을의 많은 사마리아 사람들이 바로 예수를 믿게 되었다. 유대 사람들은 잘 믿지 않았는데 이 사람들은 곧 믿었다는 말이다.

사마리아인들이 예수께 와서 자기들과 함께 유하시기를 청하니
거기서 이틀을 유하시매 예수의 말씀으로 말미암아
믿는 자가 더욱 많아 그 여자에게 말하되
이제 우리가 믿는 것은
네 말로 인함이 아니니 이는 우리가 친히 듣고
그가 참으로 세상의 구주신 줄 앎이라 하였더라.

우리나라에 처음 기독교가 들어 왔을 때 양반과 상민들 중 양반들은 기독교를 믿지 않았다. 상민들이 먼저 기독교를 믿게 되었다. 다시 말해 상민들이 훨씬 더 순수하여 쉽게 믿음에 들어가게 되었는데 양반들은 자기들의 아집 때문에 믿음을 갖기가 어려웠다고 볼 수 있다.

마찬가지로 여기서도 유대교인들과 사마리아 사람들과 비교해 보면 사마리아 사람들이 훨씬 더 마음이 열려 있고 순수한 사람들이라는 것을 알 수 있다.

우리나라의 남북지방을 비교해도 남쪽보다는 북쪽이 기독교인이 많았는데 그 이유도 북쪽에 더 상민이 많았기 때문이다.

그래서 북쪽에는 기독교가 빨리 전파되어 나갔지만 남쪽에는 양반들 때문에 잘 전파되지 못했다.

나도 한번은 기독교학과 학생들을 데리고 여름방학 때 충청도 지방에 전도할 기회를 가졌었는데, 우리가 간 그 지방에 교회가 하나 세워져 있었고 전도사 한 분이 시무를 하면서 전도에 애쓰고 있었지만 통 교인이 늘지 않고 있었다. 우리가 갔을 때 겨우 네댓 명 정도의 교인을 유지하고 있었다.

그래서 우리는 낮에는 주일학교를 하고, 밤에는 또 강연회를 열고 하여 전도에 힘썼는데, 왜 그렇게 교회가 잘 안 되었는가 하면, 그 동네에 영향력 있는 양반이 한 분 있었는데, 그분이 절대 교회를 가면 안 된다고 마을 주민들에게 지시하여 그 교회가 통 발전하지 못하고 있었다고 한다. 그래서 그 전도사가 나에게 그 양반을 한번 만나보는 것이 어떻겠느냐, 하고 권하였다. 내가 그 양반집을 찾아가 나는 이화대학 교수라고 소개했더니 내가 학자라는 데에 거부감 없이 반갑게 맞이해주었다. 만일 내가 목사라고 소개했다면 애당초 만나주지도 않았을 것이다.

그래서 그분은 나에게 무엇을 가르치는 교수인가 물었다. 나는 동양철학을 가르치는 교수라고 말했다. 그랬더니 그분은 나에게, 그러면 당신은 주역에 대해 알고 있느냐, 라고 물었다. 나는 지금 연세대학에서 주역을 가르치고 있다, 라고 대답하였다. 그랬더니 좀 놀라는 표정을 짓더니, 그러면 내가 주역 중에서 지금까지 잘 모르는 게 하나 있는데 그것을 좀 설명해 줄 수 있는가, 라고 물었다. 그분이 묻는 것은 곤坤괘에 나오는 직방대直方大라는 것으로, 그것이 무슨 뜻인지 나에게 물었다. 그래서 나는 직방대에 대한 설명을 다해주었다. 그랬더니 그분은 깜짝 놀라면서 어떻게 그렇게 잘 아느냐, 라고 또 되물었다.

그래서 나는 대답하기를 옛날에는 주역을 보면 원문과 주석만 달달 외지만 우리는 그렇게 공부하지 않는다. 세계의 철학을 두루 섭렵하고 그것을 바탕으로 동양철학을 이해하는 것이지 동양철학만 들여다보는 것은 아니다. 그래서 우리는 옛날보다 훨씬 더 동양철학을 보는 각도가 넓어지게 되었다.

중국 대만의 모종삼[1]이란 사람은 동양철학의 최고 대가라고 불리는데, 그 사람의 전공이 무엇이었는가 하면 칸트(Kant) 철학이었다. 그 사람이 서양철학을 다하고서 동양철학으로 들어왔기 때문에 그 사람이 동양철학자로서 세계적인 인물이 된 것이다. 그래서 학문이란 넓은 것을 보고 나서 좁은 데로 들어가야지 좁은 것만 보면 더 이상 발전이 없게 된다. 그러니까 당신도 좀 서양 것을 아는 것이 좋을 것이다. 동양 것만 제일이다, 라고 하고 있으면 좁은 소견밖에 갖질 못한다. 전체를 보면서 동양 것을 보아야 한다, 라고 하였다.

그러면서 이런저런 이야기 끝에 기독교에 대한 이야기도 나오게 되었는데, 나는 당신은 유교만을 고집하는데 이제 유교도

1. 모종삼牟宗三(1909~1995)

과거의 유교이지 현대의 것이라고는 할 수 없다. 나도 백 년 전에만 살았더라도 유교도였을 것이다. 그런데 요즘처럼 현대에는 유교를 믿으려 해도 믿을 수가 없게 되었고, 현재에는 서양종교가 들어 와서 널리 퍼져 있으니까 기독교밖에 믿을 것이 없게 되었다.

그래서 나도 어릴 적부터 교회를 다니게 되었고 지금도 기독교를 믿고 있다. 그러나 내가 기독교인이라고 해서 우리의 유교를 무시하거나 그런 것은 절대 아니다. 유교는 유교대로 가치가 있는 것이다. 나는 유교뿐 아니라, 불교와 도교도 상당히 가치가 있다고 생각하는 사람이다. 다 가치가 있는 종교이지만 나에게 있어서는 기독교가 가장 현대적인 것이기 때문에 기독교를 믿게 된 것이다, 라고 이야기해주었다.

우리나라 사람들은 과거로부터, 도교부터 시작해서 불교를 믿었고, 다음에는 유교를 믿었고, 지금은 기독교를 믿게 되었는데, 지금 우리 속에는 도교도 들어가 있고, 불교도 들어가 있고, 유교도 들어가 있고, 기독교도 들어가 있고, 다 들어가 있다고 볼 수 있다.

그래서 당신이 기독교라는 것도 좀 알아보아야지 그냥 유교만 제일이다, 하고 기독교라는 것을 무시하면 너무 편협해져서 안 된다, 라고 하면서 한 시간을 넘게 설명을 하고 권유를 하였다. 나는 또 기독교도 한번 알아보도록 하라. 기독교도 정말 가치 있는 내용들이 많다. 당신이 유교도로 그냥 있으면서 기독교를 알아보는 것도 좋지 않겠느냐. 지금은 모든 것이 개방되는 시대니까, 유교만을 고집할 것이 아니라 기독교를 원하는 사람은 교회를 나가도록 해야지 당신이 못 가게 하는 것은 잘못 하는 것이 아니겠느냐, 라고 말했다.

그렇게 그분과 대화를 나눈 뒤, 그날 밤 강연을 시작하려는데 그분이 그 자리에 나타났다. 그런데 그분 혼자 온 것이 아니라 일가친척을 다 데리고 참석하였다. 그래서 오랜만에 그날은 많은 사람들을 모아 놓고 강연회를 갖게 되었다.

그러므로 사람이 좀 마음이 열려 있어야지 너무 자신의 것만 갖고 좋다고 하는 것도 좋지 않은 것이다. 물론 자기가 잘났다는 것도 필요하다. 그러나 자기의 못난 것도 인정할 줄 알아야 한다는 말이다. 신, 구교 사이도 마찬가지다. 가톨릭에 대해서도 언제나 존경할 것은 해야지 기독교 사람들이 가톨릭을 무시해서도 안 된다. 기독교에 좋은 점이 있다면 다른 종교에도 좋은 점이 있는 것이다. 물론 자기 종교에 대한 확실한 신념을 갖고 다른 종교의 좋은 점을 받아들이도록 하여야 할 것이다. 이웃을 내 몸같이 사랑하라는 말과 같이 타종교도 내 몸같이 사랑하여야 한다는 말이다.

그렇다고 해서 자기의 것을 버리거나 다른 종교와 섞어 버리라는 뜻은 아니다. 우리 것은 우리 것이고, 남의 것은 남의 것이지, 남의 것을 존경한다고 해서 우리 것과 남의 것을 섞어 버리라는 뜻은 아니다. 남의 것을 존경하고 이해는 해야겠지만 자신의 것에 대한 가치를 인정하고 그것에 대한 믿음은 확고히 갖고 있어야 한다. 우리 한국이 중요하다고 하면 일본도 중요하고, 중국도 중요하다. 그래서 우리는 다른 것을 인정하고 존경할 줄도 알아야 하고 그리고 또한 우리의 것에 대한 확실한 신념을 갖고 발전시켜 나가야 하는 것이다.

오늘 요한복음의 이 내용도 예수의 눈에는 사마리아 사람들이 유대인보다도 훨씬 더 성숙한 사람들로 보였다는 것이라고 할 수 있다. 오늘 공부한 구절 중에 또 중요한 말은 "사마리아 사람들이 예수를 믿었다"는 '믿음'에 대한 것인데, 전번 시간에 공부한 구절 중에 나오는 '영원한 생명'이란 말과 '믿음'이란 말이 결국은 같은 말이다. 깨끗한 생명의 샘물이 자꾸 솟아 나온다, 라고 했는데 무엇 때문에 생명의 샘물이 자꾸 솟아 나오게 되나 하면 믿음 때문에 그렇다, 라고 보는 것이다. 그러니까 믿음이 없으면 생명도 없는 것이다.

여기서 사마리아 사람들이 예수를 믿었다, 라 되어 있는데 이 말은 사마리아 사람들이 영생을 얻었다는 뜻이 된다. 믿음을 갖는 것이 영생을 갖는 것이다. 앞서 나왔던 요한 3장 16절에 보면 누구든지 "저를 믿는 자마다 멸망치 않고 영생을 얻으리라"고 되어 있는데 믿으면 영생이다. 그러면 누구를 믿어야 하는가. 물론 하나님을 믿어야 한다. 그런데 하나님께서 보내신 이가 그리스도이니까 그리스도를 믿는 것이 하나님을 믿는 것이 된다. 다시 말해서 그리스도의 근거가 하나님이다.

우리가 "무분별의 분별"이란 말을 하는데 여기서 '무분별의'에서 이 '의'라는 것이 믿음이다. 그러니까 분별의 세계와 무분별의 세계가 연결되는 것, 그것을 믿음이라고 한다. 우리가 "공즉색空卽色"이라 할 때 '즉卽'이란 말이 믿음이 된다. 공空이라고 하는 뿌리에 색色이라고 하는 나뭇가지가 연결되었다는 말이다.

우리가 그리스도라는 말 대신에 그냥 선생이라고 한다면 선생과 내가 연결되면 그것이 영생이다. 선생과 연결되는 것, 그것을 믿음이라고 한다. 그래서 연결이 되느냐, 연결이 안 되느냐가 곧 믿음이 있는가, 없는가를 말해주는 것이다. 여기서 그리스도를 믿었다는 말은 선생님에게 연결이 되었다는 말이다. 연결이 되면 영생이 되는 것이다. 문제는 바로 여기에 있다.

나는 늘 "나는 영생이다"라고 생각하는데 왜 영생인가 하면 나는 유영모 선생에게 연결이 되었기 때문이다. 유영모 선생은 또 누구에게 연결이 되었나 하면 그리스도에게 연결이 되어 있다. 그러니까 나도 유영모 선생을 통해서 그리스도에게 연결이 되어 있으니 "나는 영생이다"라고 생각하는 것이다. 믿음이라는 것이 바로 이것을 말한다. 이것이 확실하게 된 것을 믿음이라고 한다. 나는 유영모 선생에게 연결이 되었다. 그래서 나는 영생이다. 그것이 내가 생각하는 믿음이란 것이다. 유영모 선생도 나와 마찬가지로 또 누구에게 연결되어 있다는 생각을 갖고 있었을 것이다.

마치 판소리하는 사람이 그 선생을 통해 판소리를 전수해 가듯이 자꾸 연결되어 가는 것이 샘물이 솟아 나오는 것과 같은 말이 되는 것이다. 그렇게 계속해서 연결되어 갈 때 영생이 되는 것이지 연결되지 못하면 영생이 될 수 없다.

내가 하는 말이 전부 유영모 선생의 말이다. 유영모 선생에게 배운 말을 여러분에게 자꾸 하는 것이다. 왜냐하면 유영모 선생과 연결이 되었으니까 자꾸 말하게 되는 것이다. 마치 전등이 전기 줄과 연결이 되어야 불이 켜지는 것처럼 연결이 되어야 믿음이라고 하고 또 그것을 영생이라고 하는 것이다. 이러한 것이 나의 믿음에 대한 생각이다.

우리가 부목맹구浮木盲龜라는 말처럼 눈먼 거북이가 오랜 기원 끝에 배꼽 눈을 얻고서 바닷물 위에 떠있는 나무토막을 붙들게 되었는데 그 나무토막에 난 뚫린 구멍을 통해 진리의 태양을 바라보게 되었다는 이야기가 있다. 배꼽 눈을 가진, 눈먼 거북이 학생이라면 구멍 뚫린 나무토막이 선생이며, 진리의 태양이 하나님이라고 생각해도 좋다. 그러니까 학생의 눈이 선생이란 구멍을 통해서 진리의 태양을 보게 되었다라는 것이다. 그렇게 되는 것이 믿음이란 말이다. 그러니까 선생이란 나무토막의 구멍을 통해 더 근원자 되시는 그리스도를 또는 하나님을 보게 되는 것이다. 그래서 구멍을 통해서 보는 것이 직지인심直指人心이며, 보게 되면 견성성불見性成佛이라고 한다. 불교에서 그렇게 표현한다. 믿음이란 것이 무엇인가, 직지인심直指人心이다. 그래서 영생을 얻는 것이다. 견성성불見性成佛이다.

배우는 세계와 깨닫는 세계를 말하는데 믿음과 영생의 세계는 배우는 세계가 아니라 깨닫는 세계라 하여 불교에서는 불립문자不立文字라 하고 가르쳐서 되는 것이 아니라 하여 교외별전敎外別傳이라고 한다. 여기서도, 예수는 가르치는 것도 없고, 사마리아 여인이 배우는 것도 없다. 다만 예수는 보여 주었고, 사마리아 여인은 깨닫게 된 것이다. 가르치는 것도 아니요 배우는 것도 아니다. 보여주는 것과 깨닫는 것뿐이다. 그러니까 선생의 보여줌과 학생의 깨달음이 일치되어야 하는 것이다. 그것이 일중日中이다. 그렇게 될 때 죄악의 그림자가 없어진다.

그러니까 믿음이란 것이 그냥 선생님을 만났다고 되는 것이 아니다. 자기의 눈하고 선생님의 마음하고가 일치되어 그 위에 있는 근원자를 보게 될 때, 그때 우리는 하나님과 연결이 되었다고 한다. 이것이 중요하다. 그래서 믿음은 바라는 것의 실상이요 보지 못하는 것의 증거이다, 라는 믿음의 정의가 나오게 되는 것이다. 그것이 직지인심直指人心이요 견성성불見性成佛이란 말이다. 바라는 것의 실상이고 보지 못하는 것의 증거다. 이런 말들은 중국 사람들이 불교를 이해하기 위하여 만든 말인데, 우리도 기독교를 이해하기 위해서 이렇게 생각할 수 밖에 없다.

우리가 선생님을 빼놓고서 어떻게 이러한 것을 이해하겠는가. 역시 선생님을 통해야 하는데 선생님을 통한다는 것이 무엇을 말하는 것인가. 선생님의 가르침을 배우는 것이 통한다는 말인가. 나는 유영모 선생의 가르침을 좇아갔는가 하면 그것이 아니다. 유영모 선생께서는 무엇인가 보여 주는 것이 있다고 생각이 들었다. 유영모 선생에게 무엇을 배웠는가 하면 별로 배운 것은 없다. 그러나 무엇인가 깨달은 것은 있었다. 그래서 이 깨달음이란 것이 중요한 것이고, 보여준다는 것이 중요한 것이다.

그러므로 이 보여줌하고 깨달음이란 것이 일치할 때, 그때 그 일치를 통해서 근원자에게 연결이 되는 것이다. 그래서 그리스도는 유영모에게 연결이 되고, 유영모는 또 나에게 연결이 되는 것이다. 그것이 믿음이란 것이다. 그래서 나도 믿음을 갖게 되었고 나도 영생이다, 라고 말하는 것이다.

이러한 것이 아마도 동양적인 생각이라고 할 수 있다. 동양적인 생각이란 바로 반드시 전통이란 것을 무시하지 않는 사고思考이다. 꼭 아버지가 있고, 내가 있는 것이다. 아버지를 통하여 내가 있지, 아버지를 무시하고 내가 있을 수 없는 것이다. 아까 말했듯이 나라가 있고, 내가 있는 것과 마찬가지다. 선생님이 있고, 내가 있다. 이렇게 언제나 뿌리를 생각하는 사고방식이 우리의 생각이다. 그래서 이 뿌리에 연결되는 것, 그것이 믿음이다.

뿌리에 연결되지 않으면 믿음이라고 할 수가 없다. 그래서 나는 믿음을 '밑힘'이라고 생각한다. 뿌리에 연결되어야 힘이 나오는 것이지 뿌리에 연결되지 않으면 힘이 나올 수 없다. 내가 붓글씨를 쓴다 할 때도 난곡蘭谷[2] 선생의 글씨를 내가 쓰는 것이지 난곡 선생이 없다면 붓글씨가 될 수 없는 것이다. 또 난곡 선생은 추사秋史[3]가 없었으면 난곡 선생이 될 수 없는 것이다. 물론 추사도 또 자기의 선생이 있었을 것이다.

그래서 언제나 이 뿌리가 있어서 연결이 되는 전통과 혁명이라는 것이 필요한 것이다. 언제나 전통이 있고 혁명이 있는 것이지, 전통이 없는 혁명이란 있을 수 없다. 다시 말하면 전통과 혁명이 믿음이다, 라고 할 수도 있다.

여기서 말한 "예수를 보았다"는 말이 영생이다. 그것이 믿음이다. 사마리아 사람들이 예수를 보는 순간이 전통과 연결이 되는 것이다. 연결이 되면 다시 사마리아 사람에게는 혁명이 일어나는 것이다. 그래서 언제나 전통과 혁명이 같이 있어야지 전통만 부르짖어서도 안 되고 혁명만 주장해서도 안 되는 것이다.

2. 김응섭(金應燮, 1917~1989)
3. 김정희(金正喜, 1786~1856)

언제나 전통에서 나온 혁명, 그것이 중요하다. 무분별의 분별이다. 뿌리 있는 나무이다. 그것이 믿음이며 영생이다.

기 도

우리의 심령이 주님의 것임을 알고
우리가 언제나 우리 속에
하나님의 형상을 찾기 위해서
당신의 십자가를 지고 좇아가는
저희들이 될 수 있도록 도와주시고
언제나 주님에게 사랑과 충성을 다 바치는
저희들이 될 수 있도록 도와주시옵소서.

오늘 이 시간도 주님께서
저희들과 같이 하시고
우리가 주님의 힘에 의지해서
주님의 십자가를 좇아가는
저희들이 될 수 있게
인도하여 주시옵소서.

저희 마음속에 당신의 성령이 역사하셔서
우리의 눈을 뜨게 하여 주시고
우리가 힘을 얻게 하셔서
우리의 삶이
참 삶이 될 수 있도록
당신께서 도와주시옵소서.

이 모든 말씀
예수님의 이름 받들어 기도 드리옵나이다.
아멘.

15. 자기변혁과 믿음

1993년 6월 13일

요한 4:43~54

이틀이 지나매 예수께서 거기를 떠나 갈릴리로 가시며

예수께서 사마리아에서 이틀을 머물고 나서 북쪽의 갈릴리로 향해 떠나가셨다.

친히 증언하시기를
선지자가 고향에서는 높임을 받지 못한다 하시고

요전에도 말했지만 예수는 자신을 유대 사람이라고 생각하는 것 같다. 그래서 유대 지방인 남쪽에서는 존경받지 못한다고 했다. 자기의 고향은 예루살렘이 있는 유대 지방을 말한다. 예루살렘에 있을 때는 유대 사람들이 예수를 잘 알아주지 못했는데 북쪽의 사마리아 사람들은 예수를 알아보게 되었다는 말이다.

갈릴리에 이르시매 갈릴리인들이 그를 영접하니
이는 자기들도 명절에 갔다가
예수께서 명절 중 예루살렘에서
하신 모든 일을 보았음이더라.

사마리아보다 더 북쪽지방인 갈릴리에 이르렀을 때 사람들은 예수를 반갑게 맞이하였다. 그 사람들이 예루살렘에 갔을 때 예수의 행적과 소문을 많이 보고 들어서 예수를 잘 알고 있었다.

예수께서 다시 갈릴리 가나에 이르시니
전에 물로 포도주를 만드신 곳이라.

요한복음 2장에 나오는 어떤 혼인잔치에서의 기적을 말한다.

왕의 신하가 있어 그의 아들이 가버나움에서 병들었더니

마태복음 8장과 누가복음 7장에는 어떤 백부장百夫長의 사랑하는 종이 병들어 죽게 되어 예수께서 고쳐 주었다는 얘기가 나오는데 여기서 말하는 왕의 고관과 같은 내용인지 확실치는 않다. 백부장이라면 대개 로마 군인을 말하는데 요새로 말하면 대대장 정도의 지위에 있는 군인이라고 할 수 있다. 그 당시 갈릴리를 다스리는 왕은 헤롯 안티파스 왕이었다.

그가 예수께서 유대로부터 갈릴리로 오셨다는 것을 듣고
가서 청하되 내려오셔서 내 아들의 병을 고쳐 주소서 하니
그가 거의 죽게 되었음이라.

만일 왕의 한 고관이 백부장이라면, 유대인들은 예수를 잘 믿지 않았는데 외국인이면서 이교도인 백부장이 예수를 먼저 믿고 아픈 사람을 고쳐주도록 간청했다는 말이 된다. 마치 우리나라 사람들은 잘 믿지 않는 일을 미국 사람이나 일본 사람들이 먼저 인정해주는 그런 경우와 마찬가지다.

예수께서 이르시되
너희는 표적과 기사를 보지 못하면 도무지 믿지 아니하리라.
신하가 이르되 주여 내 아이가 죽기 전에 내려오소서.
예수께서 이르시되 가라 네 아들이 살아 있다 하시니

마태복음과 누가복음에는 이렇게 되어 있지 않고 그 백부장이 말하기를 "선생님, 제 집에 오실 필요도 없이 다만 말씀으로만 낫도록 해주십시오"라고 되어 있는데 여기서는 집으로 올 것을 간청하고 있다.

그 사람이 예수께서 하신 말씀을 믿고 가더니,
내려가는 길에서 그 종들이 오다가 만나서
아이가 살아 있다 하거늘,

마태와 누가에서는 중풍 걸린 종을 고쳐주었다, 라고 되어 있는데 여기서는 죽어가는 아들로 되어 있다. 그래서 그 죽어가던 아들이 살아났음을 말하고 있다.

그 낫기 시작한 때를 물은즉
어제 일곱 시에 열기가 떨어졌나이다 하는지라.
그의 아버지가 예수께서 네 아들이 살아 있다 말씀하신
그때인 줄 알고 자기와 그 온 집안이 다 믿으니라.
이것은 예수께서 유대에서 갈릴리로 오신 후에 행하신
두 번째 표적이니라.

이러한 것을 이적이라고도 하고 기적이라고도 하는데, 이러한 얘기가 나올 때마다 요새 젊은 학생들은 상당히 마음에 거부감을 느끼는 것도 사실이다. 어떻게 그럴 수가 있겠는가, 어떻게 말 한마디 했다고 나을 수가 있을까라는 의심을 갖게 마련이다. 그러나 내 경우는 거부감이 전혀 느껴지지 않는다. 왜 그런가 하면 나는 예수라고 하는 사람이 우리 같은 사람이라고 생각하지 않기 때문이다. 나 같은 사람의 천 배, 만 배를 곱해도 예수 같은 사람은 못 따라간다, 라고 생각한다. 예수는 나보다도 훨씬 더 뛰어난 힘을 갖고 있는 사람이지, 나와 똑 같은 사람이다, 라는 생각은 절대 할 수가 없다.

아까 붓글씨 쓰는 얘기를 했는데 또 붓글씨 쓰는 것을 예로 든다면, 난곡 선생은 난蘭을 그릴 때 몇 개의 그루터기로 된 난을 그리기도 하고, 또 어떤 때에는 한 그루터기로만 된 난을 그려서 내놓기도 하고, 잎사귀 한 두 개만 그려내기도 하는데, 난을 많이 그리든지, 한두 포기만 그리든지 간에, 다 몇 십만 원을 받고 팔려 나갔다. 왜 그런가 하면 난의 그림이 많던 적던 간에 그 사람이 그린 그림은 다 살아있기 때문이다. 하나님에게는 일체가 다 살아있다, 라는 성경말씀이 있는데 처음에는 이 말이 무슨 말인지 잘 몰랐으나 난곡 선생이 그린 그림을 보고 나서, 아, 그럴 수 있겠다. 이 사람이 그리면 다 살아나니 하물며 하나님 앞에서는 살아나지 않는 것이 없겠구나, 라는 생각이 들었다.

나는 그래서 예수라는 사람에게도 같은 생각이 든다. 예수가 하는 일은 다 살아나는 것이지 살아나지 않는 것은 없다. 죽었던 사람도 살아날 것이고, 아프던 사람도 낫게 될 것이고, 다 할 수 있는 사람이라는 생각이 든다. 왜냐하면 힘(능력)이 대단한 사람이기 때문이다. 힘이 있어야 살려낼 수 있기 때문이다. 내가 난을 그리면 다 죽은 그림이 되고 만다. 애써 그려 놓아도 쳐다보는 사람 하나 없다. 내가 그린 난은 죽은 것이지만 난곡 선생이 그리면 살아있는 난이 된다.

예수 그러면 인류가 낳은 사대四大 성인聖人에 들어가는데 그러한 위치에 도달한 것만 해도 그저 평범한 사람과는 다른 무엇이 있는 것이다. 나하고 그 사람하고는 월등한 차이가 있는 것이지, '같다'라는 생각은 할 수가 없다. 그는 특별한 힘이 있는 사람이라는 생각을 하게 된다. 그래서 깬 사람 하나가 자는 사람 만 명보다 낫다는 말을 하는 것이다. 나는 자는 사람이라면 그분은 깬 사람이다.

그래서 예수가 병을 고치는 것이나, 죽은 사람을 살린 것이나, 바다를 잠잠하게 한 것이나, 죽은 후 부활한 것 등 많은 이적을 행한 것을 나는 다 믿지, 조금이라도 의심치 않는다. 그래서 이러한 구절을 읽을 때마다 그대로 "아! 그렇다, 아멘"이라 하고 받아들이지, 좀 더 생각해 보아야겠다, 라는 것이 없다. 왜냐하면 예수는 나와는 다른, 격格이 높은 사람이다, 라고 생각하기 때문이다. 정말 세상을 구원할 수 있는 힘이 있는 사람이지, 우리와 같은 보통 사람이 아닌 것이다.

나도 오래 전에는 이런 구절을 읽으면 어떻게 그럴 수가 있을까, 하고 의심도 하곤 했지만 지금은 조금도 그런 생각이 들지 않는다. 아마도 오래 동안 교회를 다니다 보니까 이젠 철이 들게 된 모양이다. 철이 들기 전에는 이러한 것들이 굉장히 큰 문제들이었는데 이제 철이 들고 보니까 아무런 문제가 되지 않는다. 내가 철이 들게 되는 것, 그 자체가 하나의 기적이라는 생각이 든다. 어떻게 사람이 철이 들게 되는가. 사람을 철들게 할 수가 없다, 라고 생각하는데, 살다보면 철이 들 때가 있다.

우리 기독교에서는 그것을 '믿음' 이라고 한다. 믿음을 가지게 할 수 있는 방법이 없다고 생각이 드는데 믿음을 가진 사람이 나오는 것이다. 어떻게 그러한 믿음을 갖게 되는지 모르지만 믿음을 갖게 되는 때가 있다. 그래서 믿음을 갖게 되면 이러한 내용이 아무런 문제가 되지 않는다. "믿음을 갖게 된다"는 말이 무슨 말인가 하면 '구원받게 된다' 는 말이며 또한 '거듭 난다' 는 말이다.

사람은 자기의 생 가운데 한번은 변화한다는 것이 있다. 종교의 핵심이 있다면 바로 이것이다. 인생이란 것은 변화할 수 있다는 것이다. 내가 이전의 내가 아니고, 이제는 달라진 내가 되었다, 라는 것이다. 이렇게 한 번 변화를 경험하는 것, 그것이 바로 기적이다. 사람이 어떻게 변화 되겠는가. 그렇지만 나 자신이 변화되었다, 라는 경험을 할 때가 있다. 내 경우를 보더라도 나는 아파서 다 죽게 될 정도로 몸이 약했는데 철이 들고부터는 아프다는 것을 모르게 되었다. 물론 가벼운 감기정도나 무리한 운동으로 신경통 같은 병은 한두 번 앓아 본 적이 있기는 하지만 지금까지 거의 아파본 적이 없다. 이것이 나에게는 하나의 기적이다. 아프던 내가 건강한 나로 변화한 것이다. 그래서 믿음이란 것이 무엇인가 하면 간단히 말해서 변화했다는 것이 믿음이다, 라고 말할 수 있다. 자기변혁自己變革이다. 그것이 '바라는 것의 실상'이 되는 것이다. 바라는 것의 실상이라는 것이 바로 자기변혁을 경험하는 것이다(지화知化).

그런데 자기변혁은 저절로 되는 것이 아니라 자기변혁을 하게 하는 존재가 있다. 그것이 "보지 못하는 것의 증거"다. 보이지는 않지만 나를 달라지게 하는 것이 있는 것이다(궁신窮神). 나도 젊었을 때는 일 년이면 6개월은 감기를 앓았고, 아파서 몇 달씩 병원에 입원한 적도 있고, 그러다가 내일이면 죽는다고 할 정도로 아플 때가 몇 번이나 있었다. 그러한 내가 철이 들고나서부터, 다시 말해서 자기변혁을 하고부터는 지금까지 한 번도 직장에 결석이라고 해본 적이 없다. 요즈음도 매주 18시간의 강의를 맡고 있는데 한 번도 시간을 빼먹은 적이 없다. 이화대학에 있었던 30년 동안 한 번도 결석한 적이 없고, 감신대로 옮긴 후 거의 10년이 되었지만 한 번도 결석한 적이 없다. 내가 이렇게 된 것이 나에게는 기적이다. 그것이 나에게는 변혁이요, 바라는 것의 실상이다. 물론 아프던 몸이 건강하게 된 것이 기적적인 것이지만 그것이 곧 신앙이라고는 할 수 없다. 그렇게 아프던 몸이 바뀌어 건강한 몸을 갖게 되었다는 그러한 변화를 통해서 자기변혁을 느낄 수 있게 된다면, 그 변화가 신앙을 갖게 되는 하나의 수단은 될 수 있다. 그러나 건강하게 된 사실 자체가 곧 신앙이라고는 할 수 없다. 하나의 간접적인 수단은 될 수 있지만 그 자체가 신앙은 아니다. 그래서 기독교에서는 기적이라는 것을 그렇게 중요하게 생각하지 않는다. 예수도 기적을 여러 번 행했지만 그것을 별로 중요하게 생각지 않았다. 믿음이 중요하지 기적이란 것은 별로 중요하게 생각하지 않았다.

사람이 죽었다가 살아났다, 라고 해서 변혁되는 것이 아니다. 죽었다가 살아나서 그것을 통해 자기변혁이 일어나야 하는 것이다. 기독교에서는 바로 이 변혁을 중요하게 생각하는 것이지, 앓다 나았다든가, 죽었다 살았다든가 하는 것을 중요하게 생각하는 것이 아니다. 병들었다가 낫는 것은 동네 병원에서도 나을 수 있고 어떻게 해서든지 회복될 수 있지만 그렇게 병에서 낫게 된 것을 신앙이라고 할 수는 없다. 그러니까 신앙과 기적을 혼돈해서는 안 된다. 기적을 통해 병이 나았다고 해도 자기변혁이 있어야 하는 것이다. 죽었다가 살아났다고 해도 자기변혁이 없으면 아무런 소용이 없다. 다시 말해서 철이 드는 것이 중요한 것이지 철이 들지 못하면 사람이 되지 못하는 것이다. 철이 드는 것, 사람이 되는 것, 그것이 신앙이라고 할 수 있다.

철이 든다는 것이 무엇인가? 80이 되어서도 철이 못 들고 그냥 죽는 경우가 많다. 철이 든다는 것, 그것이야말로 인생의 비밀이다. 그런데 이 세상에는 일찌감치 철이 드는 사람도 있다. 또 아주 늦게 철이 드는 사람도 있다. 그래서 공자도 말하기를 사람에게는 세 가지 사람이 있는데, 일찍 철드는 사람이 있고, 늦게 철드는 사람이 있고, 철이 못 드는 사람이 있다고 했다. 철이 못 들면 다시 태어나야 한다. 그래서 불교에서 윤회라는 말이 나오는 것이다. 철이 들면 윤회라는 것이 없는데 철이 안 들면 윤회라도 해서 또 철이 들도록 해야 한다는 말이다.

그래서 철이 드는 것, 그것이 신앙을 말하는 것이지 병이 낫는다든지, 죽었다 살았다든지 하는 것은 신앙이라고 할 수 없다. 그래서 기독교에서는 기적이니 방언이니 하는 것들을 별로 중요하게 생각하지 않는다. 그러한 것들이 없다는 것은 아니다. 그러나 그러한 것보다도 믿음이 더 중요하다는 말이다. 그래서 우리는 이러한 것을 확실하게 알아야 한다. 기독교의 핵심은 믿음이지, 기적이나 이적이 아니란 사실을 확실히 알아야 한다.

믿음이란 것이 곧 자기변혁임을 깨달아야 한다. 자기가 새로 태어나는 것이다. 거듭난다는 말이다. 우리나라의 정치도 변혁이 되어야 나라가 달라질 수 있을 텐데 정치변혁 없이는 나라의 변혁도 있을 수 없다. 대통령도 변혁이 된 사람이 될 때 나라변혁의 주체가 될 수 있는 것이다. 그러한 변혁이 되지 못한 사람이 대통령이 되면 변혁의 주체가 될 수 없다. 그래서 우리는 언제나 철든 사람이 대통령 되기를 바라는 것이다. 철이 든 사람, 자기변혁이 된 사람, 그런 사람이 대통령이 될 때 나라변혁을 도모할 수 있게 되는 것이다.

주체가 될 수 있는 것, 그것을 우리는 '중中'이라고 말하는데 '중'이 되어야 '천하지대본天下之大本'이 되는 것이다. 그렇게 될 때 우리나라가 '화和'가 될 수 있다. '화'라는 것이 곧 온 국민이 다 변혁을 경험하게 된다는 말이다. 그것을 '천하지달도天下之達道'라고 했다. 그러니까 대통령이 변혁을 일으키면 '중'이라 하고, 온 국민이 변혁을 일으키면 '화'라고 한다. 그래서 대통령이 대본大本이 되고, 온 국민이 다 달도達道가 되어야 이상 국가가 되는 것이다. 그렇게 되면 지어지선止於至善이 되는 것이다. 이 세상에서 천국이 이루어지는 것이다. 그러므로 우리는 정말 자기변혁이 된 믿음을 가진 사람이 대통령이 되기를 기대하는 것이다. 그렇게 되어야 모든 국민들이 믿음을 가지고 변혁을 이루어 갈 수 있기 때문이다.

오늘 말한 기적과 믿음의 관계를 잘 알아야 한다. 기적이 없다는 것은 아니다. 다만 기적보다 믿음이 중요하다는 사실을 우리는 깨달아야 한다. 요즘 컴퓨터를 보면 정말 기적과 같다는 생각이 든다. 컴퓨터로 못하는 것이 없으니 말이다. 그러니까 요즈음의 과학이 곧 기적이라고 말할 수 있다. 과학처럼 기적과 같은 것이 없다, 라고 할 수 있을 정도다. 사람 없이도 과학이 모든 일을 할 수 있도록 만들어 준다. 이렇게 과학적인 것만 보아도 신기할 정도이다. 그러니까 신神이란 정말 무엇일까. 우주라는 것이 곧 신비로 가득 차 있는 것이다.

과학의 세계만 신비한 것이 아니라, 철학의 세계도 신비로 차있고, 예술의 세계도 신비로 차있고, 종교의 세계도 신비로 차있고, 신비하지 않은 것이 하나도 없다. 흄이란 철학자는 말하기를, 가장 신비한 것은 해가 떠오르는 것이다, 라고 했는데 정말 해가 떠오르는 것을 생각하면 그것처럼 신비한 것이 없다. 해가 뜨지 않는다면 우리 인류는 어떻게 되었겠는가.

버클리는 본다는 것 이상 신비한 것이 없다고 했다. 우리가 본다는 사실도 무척이나 신비한 것이다. 눈을 분석해 보아도 간단한 몇 개의 부분으로 구성되어 있는데 사물을 자유자재로 볼 수 있다는 것 자체가 신비가 아닐 수 없다.

이렇게 생각하면 우리가 보고 느끼고 생각하며 사는 삶 자체가 신비이다. 그것이야말로 기적적인 것이다. 우리가 걸어 다니고 활동하는 것 모두가 신비 아닌 것이 없다. 또 살아있는 것뿐만 아니라 죽는다는 것도 하나의 신비이다. 내가 늘 말했듯이 유영모 선생께서는 살아서 장례식을 했는데, 장례식 한다는 부고를 보내서 갔더니, 장례식 주례를 자신이 맡아서 하였다. 정말 생사生死에 걸림 없이 산 사람이었다. 그래서 언제나 자신을 '하루살이' 라 하였다. 하루를 충실히 살고, 하루로 족하게 산다는 말이다. 그 이상은 더 바라는 것이 없다는 말이다. 그것이 정말 참 사는 것이다. 이렇게 참사는 것이 중요하지 병을 고쳤다든가, 기적을 보았다든가 하는 것은 별로 중요한 것이 못 된다. 물론 타고나기를 병 없이 타고 난 사람도 있다. 그래서 일평생을 병 없이 사는 사람도 있다. 그러한 것은 자기 마음대로 할 수 없는 것이다. 맹자는 그런 것에 대해서는 문제 삼지 말라고 했다. 우리가 마음대로 할 수 있는 것이 있고, 마음대로 할 수 없는 것이 있는데 마음대로 할 수 없는 것에 대해서는 너무 신경 쓰지 말라는 말이다.

우리가 마음대로 할 수 있는 것, 그것에만 노력해 가라는 말이다. 그렇게 노력해 가다 보면 철이 들 때가 오는 것이다. 철이 드는 것, 그것이 우리 인생의 목표이다.

제 5 장

깨달음(견성 見性)

기 도

한 학기 동안 저희들을
한 주일에 한 번씩 이 자리에 모아주시고
하나님의 말씀을 배울 수 있는
아름다운 기회를 가질 수 있게 해주심을
진심으로 감사드립니다.

어리석은 저희들이지만
하나님께서 불쌍히 여기셔서
도와주시고 깨닫게 해주셔서
저희들이 언제나 하나님과 함께 하는
시간이 될 수 있도록 도와주시옵소서.

앞으로 또 긴 여름방학 동안 각자 흩어져서 지내다가
9월에 다시 모일 때까지
하나님께서 저희들과 함께 하여 주시고
우리가 어디를 가든지
나라를 사랑하고 민족을 아끼면서 살아가는
저희들이 될 수 있도록 도와주시옵소서.

저희들이 건강한 육체와 정신을 가지고
이 여름을 이기고 보낼 수 있도록 도와주시옵소서.

예수님의 이름 받들어 기도 드리옵나이다.
아멘.

16. 38년 만에 믿음에 들어감

1993년 6월 20일

요한 5:1~15

그 후에 유대인의 명절이 되어
예수께서 예루살렘에 올라가시니라.

예수께서 사마리아를 거쳐 갈릴리 가나의 땅으로 들어가 한 고관의 아들을 낫게 해주는 기적을 행하신 뒤에 유대인들의 축제를 맞이하게 되었다. 예수께서 예루살렘에 몇 번 올라갔느냐 하는 것은 예수님의 공생애를 나타내는 중요한 의미가 있다. 두 번 올라갔다는 것은 확실히 성경에 나타나 있는데, 3년째 되는 해에도 올라갔다고 본다면 세 번 올라갔다고 생각할 수 있다.

예루살렘에 있는 양문 곁에

히브리말로 베데스다라 하는 못이 있는데

감람산 기슭에 예루살렘이 있는데 산 밑으로 성전이 지어져 있으며 그 우편으로 기드론 골짜기가 있고 골짜기 위로 겟세마네 언덕이 있다.

'양문'은 신전의 입구인 현관에 있는 것이 아니고 두 개로 나누어진 신전의 북쪽에 붙어 있는 문을 가리킨다.

베데스다라는 못은 신전과 현관 사이의 공간에 위치한 일종의 저수지로 감람산이 약 800m 정도의 높이이며 이 지방은 물이 귀한 곳이니까 물을 저장하기 위해 파 놓은 인공 못으로 보면 된다. 그 크기는 폭 4, 50m 정도였다.

거기 행각 다섯이 있고,

그 못이 조그마한 집을 사이에 두고 아래위로 나누어져 있었는데 그 집은 기둥에 지붕만 얹은 회랑같이 생긴 집으로 그 기둥이 5개가 되는 집이란 말이다.

그 안에 많은 병자, 맹인, 다리 저는 사람,
혈기 마른 사람들이 누워
[물의 움직임을 기다리니 이는 천사가 가끔
못에 내려와 물을 움직이게 하는데 움직인 후에
먼저 들어가는 자는 어떤 병에 걸렸든지 낫게 됨이러라]
거기 서른여덟 해 된 병자가 있더라.

그 회랑의 마룻바닥에는 수많은 병자와 불구자들이 병을 고치기 위해 몰려들어 누워 있었는데 그 가운데는 38년 동안 병들어 있던 환자가 같이 누워 있었다.

예수께서 그 누운 것을 보시고
병이 벌써 오래된 줄 아시고 이르시되
네가 낫고자 하느냐.
병자가 대답하되 주여 물이 움직일 때에
나를 못에 넣어 주는 사람이 없어
내가 가는 동안에 다른 사람이 먼저 내려가나이다.

아까 말했던 저수지 못의 문이 열리고 물이 쏟아지는 순간에 물을 맞아야 병이 낫게 되는데, 38년 동안 아파왔던 환자는 단 한 번도 기회를 갖지 못했다는 말이다. 그 당시에는 어떤 조직이 되어 있어 순번을 정해 들어가도록 하는 것도 아니고, 누구든지 빨리 들어가는 사람이 낫도록 되어 있으니까 남의 생각할 겨를 없이 자기만 낫기 위해 체면 불구하고 먼저 뛰어 들어가는, 이기적이고 몰상식한 사회 풍토를 엿볼 수 있다. 그 곳에 뛰어들 기회를 얻기 위해 38년을 기다리고 있었던 환자에게 예수는 병이 낫고 싶으냐, 라고 묻는 것이다.

예수께서 이르시되 일어나 네 자리를 들고 걸어가라 하시니
그 사람이 곧 나아서 자리를 들고 걸어 가니라.

일어서지도 못하던 그 환자가 예수의 말을 듣고 그대로 일어나 걸어 나갔다.

이 날은 안식일이니 유대인들이 병 나은 사람에게 이르되
안식일인데 네가 자리를 들고 가는 것이 옳지 아니하니라.

안식일에 그런 일이 있어서는 안 된다고 말하는 사람은 그 당시 지도층계급이나 종교지도자일 것이다. 종교인들이 생각이 막히면 더 답답한 사람이 된다. 오랜 병고에서 떨쳐나 일어나는 것을 보고 박수갈채는 못 보낼망정 잘잘못의 시비를 거는 것이다. 요즘에도 정치인도 문제지만 종교인도 문제다.

대답하되 나를 낫게 한 그가
자리를 들고 걸어가라 하더라 하니,
그들이 묻되 너에게 자리를 들고 걸어가라
한 사람이 누구냐 하되

그 환자는 그러한 일이 일어난 것이 자기책임이 아니라는 변명을 하는 것이다.

고침을 받은 사람은 그가 누구인지 알지 못하니
이는 거기 사람이 많으므로 예수께서 이미 피하셨음이라.
그 후에 예수께서 성전에서 그 사람을 만나 이르시되
보라 네가 나았으니 더 심한 것이 생기지 않게
다시는 죄를 범하지 말라 하시니

그 당시에도 병이 죄로 인해 생기는 것이라고 생각한 것 같다. 또 죄로 인해 병이 드는 것도 사실이다. 욕심이 잉태한 것이 죄요, 욕심 때문에 사람이 병드는 것도 사실이다.

그 사람이 유대인들에게 가서
자기를 고친 이는 예수라 하니라

정말 한심한 사람들이다. 38년 동안 환자를 내팽개쳐 둔 사람들이나, 안식일에 나았다고 시비 거는 사람이나, 자기를 고쳐준 사람을 고해바치는 사람이나 다 똑같은 사람들이다. 세상의 악한 모습을 여기서 보는 것 같다. 인정이라고는 털끝만큼도 없고, 고마움도 느낄 줄 모르고, 양심이 마비된 사람들의 군상群像을 보는 것 같다.

그런데 여기에 나오는 '38년 동안'이란 말 때문에 내가 늘 말하는 유영모 선생이란 분은 "38년 만에 믿음에 들어감"이란 글을 쓰게 된다. 김교신이 그 당시 발간했던 『성서조선』이란 잡지 속에 자기는 "38년 만에 믿음에 들어갔다"는 신앙고백을 했다. 그때 유영모 선생께서는 여기 있는 이 구절을 인용하면서, 승동 교회에서 세례를 받은 것이 16살인데 오래 동안 고민을 거듭하다가 38년만인 52세 되는 1월 4일 날 믿음에 들어가게 되었다는 고백을 했다. 그래서 선생님께서는 언제나 이 요한복음의 구절을 인용하면서, 자신은 38년 동안 일어서지도 못하는

앉은뱅이와 같은 처지였는데 38년 만에 그리스도를 만나서 병 고침을 받게 되었다, 라고 하였다. 그래서 5장의 이 구절은 나에게도 상당히 인상 깊은 구절이다. 유영모 선생께서는 자기 자신을 중풍환자로 비유하여 생각했다.

우리나라의 남북분단이란 것도 하나의 중풍환자로 비유하여 생각할 수 있다. 남쪽은 자본주의로 돈의 노예가 되어가고, 북쪽은 철의 장막으로 갇혀 굳어져 마비가 되고 말았다. 이렇게 보면 우리나라도 중풍환자로 볼 수 있다. 이렇게 중풍환자가 된 지 50년이 다 되어가지만 아직도 병 고침을 못 받고 있는 것이다. 그리스도를 만나야 병 고침을 받고 통일 될 수 있는데 아직도 그리스도를 만나지 못하고 있는 것이다.

6 · 25가 발발한 지도 40년이 넘었는데, 요즘 젊은 학생들의 60%가 북침을 믿는다고 한다. 우리같이 나이가 많은 사람들은 6 · 25 당시 남침하는 것을 눈으로 똑똑하게 본 사람들인데, 6 · 25 날 남침한 인민군이 3일 만인 28일 날 탱크를 앞세우고 서울로 들어와 지금의 중앙청 자리에다가 인공기를 게양하였다. 그리고는 서대문 형무소로 가서 문을 열어 놓았다.

그날 밖에 나가보니까 경찰서도 다 없어지고 국군은 찾아 볼래야 볼 수가 없었다. 그런데도 라디오를 틀어보면 서울의 방어가 철통같이 되어 있으니까 온 시민들은 조금도 걱정하지 말라는 방송이 나왔다. 이 방송은 이승만 대통령이 진해로 가서 하는 것이었다. 진해 별장에 앉아서 방송을 하는데 서울은 철통같이 방어되고 있으니 안심하라는 말이었다. 우리도 피난을 가려고 했지만 한강다리를 다 끊어 놓아서 갈 수도 없는 형편이었다. 대통령이 먼저 도망치고는 다리를 끊어버린 것이다. 나머지 사람들이야 죽든 말든 상관없다는 말이다. 물론 광나루다리는 남아 있긴 했지만 도무지 피난 갈 생각을 할 형편이 못 되었다.

나는 그 당시 이화여고 선생이었는데 학교로부터 다 나오라는 전갈이 와서 학교에 갔더니 그 당시 교장이었던 신봉조 선생은 벌써 쫓겨나고 이북서 온 공산당 간부가 새로 교장이 되어 있었다. 우리는 그것도 모르고 학교에 간 것이다. 그런데 그 때 가보니 이화여고 선생 중에서도 10명이 공산당원이었다. 그리고 이화여고 선생이 모두 60명이었는데 그 가운데 25명이 좌익이었다. 소위 말하는 민청소속 사람들이었다. 그러니까 이들을 빼면 절반도 안 되는 선생만이 색깔이 없는 사람들이었다. 그 당시 나는 더 난감한 입장에 빠지게 되었는데, 그 이유는 그때 우리 학교에는 미국인 선교사로 와 있던 미스 마틴이란 분이 영어 선생을 담당하고 있었는데, 그분에게 영어를 배워 학생들에게 영어 회화를 가르치게 된 것이 문제였다. 그러니까 미국인과 가까이 지낸다는 것이 가장 큰 죄가 된 것이다. 선생 중에는 한 사람이 죽음을 당한 경우도 있었는데 나는 죽음은 면하게 되었지만 풍문여고로 끌려가게 되었다. 풍문여고에 모아서는 국군의 탄알받이용 의용군으로 내보낼 작정이었다. 그래서 결국 나도 의용군으로 나갈 형편에 처하게 된 것이다. 결국 우여곡절 끝에 도망치긴 했지만, 지금도 그 당시 일들을 생각하면 기가 막히는 일들이 많다.

그 6·25가 난 지도 43년이란 세월이 흘렀지만 아직도 우리 역사에는 그리스도가 나타나지 않은 것이다. 그리스도가 나타나야 우리가 다시 통일이 되고 병 고침을 받을 수 있게 될 것이다. 어떤 사람이든지 그리스도가 나타나야 구원을 받지 그리스도를 만나지 못하면 38년이 넘게 되어도 병 고침을 얻지 못하게 되는 것이다. 유영모 선생처럼 16세에 세례를 받고 52세가 되기까지 그리스도를 만나지 못하면 그냥 중풍환자처럼 고통스런 세월을 보내게 되는 것이다. 기독교로 표현하면 죄악에 빠져서 사는 것이다. 그러니까 죄악에 빠져 살지 않고 죄악에서 벗어나기 위해서는 역시 그리스도를 만나야 한다. 그리스도를 만나야 새로운 피조물이 될 수 있다. 그래서 내가 늘 말하듯이 그리스도를 만나는 것이 우리의 인생에서 구원을 받는 길이다. 그러한 만남이 자기의 일생을 통해 한 번은 있어야 한다.

불교에서는 견성見性이라고 하는 경험을 해야 한다고 하는데 그리스도를 만나는 그런 경험을 한 번 가져야 하는 것이다. 그것이 인생에 있어서 가장 중요하다. 우리가 성경도 배우고 교회도 열심히 나가지만 그것만 가지고는 안 된다. 한 번은 그리스도를 만난다는 경험을 가져야만 한다. 그것을 보통 우리는 근본경험根本經驗이라고 부르는데 윌리엄 제임스는 말하기를, "내가 있어서 경험이 있는 것이 아니고, 경험이 있어서 내가 있다"라고 하였다. '내가 있어서'라는 말이 사울이라면 '경험이 있어서'라고 하면 바울이 되는 것이다.

요전 시간에 자기변혁自己變革이란 말을 했는데, 자기를 변혁시켜 주는 존재, 그것을 우리는 그리스도라고 한다. 그 존재 없이는, 양명학에서 말하는 양지良知라고도 할 수 있고, 심지본체心之本體라고도 할 수 있는, 하여튼 자기 자신을 변혁시켜 주는 그 어떤 것을 발견하지 않고서는 안 된다.

존재라고 하는 것은 인간이 한 번 변혁을 경험하게 하는 것, 그것을 존재라고 한다. 그러니까 존재라고 하는 것이 많이 아는 것을 말함도 아니고, 복이 많은 것을 말함도 아니고, 한 번 자기 자신이 변혁하는 것을 느끼는 것으로, 그것이 믿음이라면 믿음이고 종교를 가졌다는 뜻이 될 수 있다. 그 밖의 것은 그렇게 중요한 의미가 없다.

물론 우리가 그것 하나를 얻기 위해서 그 밖의 모든 것이 필요하다, 라 할 수 있다. 우리가 한 학기 동안 열심히 나와서 배운다든가, 교회를 나간다든가 하는 일들이 다 그것을 위해서 있는 것이다. 그러니까 자기변혁 없이는 다른 어떤 것들도 의미가 없으며 또한 그러한 변혁이 반드시 있다는 것은 확실하다.

그래서 “믿음은 바라는 것의 실상이요, 보지 못하는 것의 증거이다”라고 하는 것이다. 바라는 것의 실상이 그리스도이고, 보지 못하는 증거가 자기 자신이다. 그리스도를 통해서 내가 변혁되었다는 것이 증거인 것이다. 나를 변혁시켜 준 것이 바라는 것의 실상이고, 그것이 그리스도이며 내가 변혁된 것, 그것이 보지 못하는 것의 증거이다. 그래서 역시 나를 변혁시켜주는 이가 있고, 그래서 변혁된 나가 있게 되는 것이다. 그러니까 나 혼자서 어떻게 할 수가 없는 것이다. 반드시 나 이상의 수퍼 에고(Super-Ego)가 있어서 그것이 나와 연결될 때, 나라고 하는 것이 변혁이 되지 그 수퍼 에고의 도움이 없이는 나라고 하는 것이 변혁될 수 없다.

그러한 경험을 갖는 것, 그것이 인생에서 가장 중요하다. 오늘 우리가 배운 이 구절에서도 38년 만에 그리스도를 만나서 병 고침을 받게 되었다, 라는 얘기가 나오는데, 나는 과연 몇 해 만에 자기변혁을 얻게 되는가, 라는 것을 생각해 보아야 한다.

언젠가 한 번은 내가 죽기 전에 변혁하는 경험을 가져야 한다. 그렇게 된 후에야 하나님 앞에 설 수 있게 되며, 변혁이 되어야 “실존은 하나님 앞에 섰다”라는 말의 ‘실존’이 되는 것이다. ‘실존’이라는 것이 소위 ‘변혁된 사람’이란 뜻이다. 그래서 한 번은 변혁을 해야만 한다.

그 변혁이 되면 불은 꺼지고 빛이 된다. 교회를 다닌 지 단 하루 만에 변혁되어도 좋고, 한 달 만에 변혁되어도 좋고, 십 년 만에 변혁되어도 좋고, 하여튼 한 번은 변혁을 경험해야 한다. 그래야지 나는 변혁됐다. 그러므로 나는 존재한다, 라는 말을 할 수 있는 것이다. "나는 생각한다. 고로 나는 있다"라는 말보다 "나는 깨달았다. 고로 나는 있다"고 하는 것이 더 좋을 것 같다. "나는 믿음을 가졌다. 그래서 나는 있다"라고 해도 좋다. 그래서 '있다' 라는 것이 차원이 달라져야 한다.

소아小我라고 하는 내가, 무아無我라는 경험을 통해 대아大我라고 하는 나로 변해야 하는 것이다. 그래야 "나는 있다"라고 할 수 있게 된다. 그래서 언제나 이러한 것을 항상 마음속에 생각하면서 어떻게 해서든지 변혁을 경험할 수 있도록 자기 자신을 집중해 나가야 할 것이다. 앞으로 2달 동안 방학을 갖겠지만 방학도 자기변혁을 위한 방학이 되어야 하고, 또 개학을 해도 자기변혁을 위한 개학이 되어야 한다.

그래서 언제나 자기변혁을 위한 생이 되어야 한다. 어떤 사람은 지나가다가 돌멩이가 나무에 탁 부닥치는 소리를 듣고서 자기변혁을 일으켰다, 라는 경우도 있고, 또 어떤 사람은 복숭아꽃이 활짝 핀 것을 보고서 자기변혁을 일으켰다는 일화도 있다. 이렇게 사람에게는 변혁을 하는 기회가 무척이나 많이 있을 수 있다. 성경을 읽다가 변혁을 일으키는 경우도 있다. 어거스틴 같은 사람은 로마서 13장 13절을 읽는 순간 자기는 변혁했다, 라고 했고, 요한 웨슬리 같은 사람은 로마서 1장 17절을 읽는 순간 자기는 변혁했다, 라고 했다.

그러니까 여러 가지 방편과 기회가 있을 수 있는 것이다. 성경말씀을 읽다가 변혁할 수도 있고, 나가서 자기의 생업에 애쓰다가도 변혁할 수도 있다. 하여튼 어떠한 경우가 되든지 한 번은 변혁의 기회를 가져야 한다. 어떤 사람은 달뜨는 것을 보고 변혁을 갖게 되었는데 너무나 기쁜 나머지 웃는 소리가 십리 바깥까지 들렸다는 일화도 있다. 우리도 이러한 변혁을 통해 새로운 인격을 갖고서 기쁨의 인생을 살도록 해야 할 것이다.

부 록
1

요한복음의 목적

요한복음의 목적은 사람들로 하여금 영원한 생명을 얻게 하는 것이다(요 20:31).

하나님이 세상을 이처럼 사랑하사 독생자를 주셨으니 누구든지 저를 믿으면 멸망하지 않고 영생을 얻는다(요 3:16).

하나님을 알고 그리스도를 아는 것이 영원한 생명이다(요 17:3).

내 말을 듣고 나를 보내신 분을 믿는 사람은 영원한 생명을 얻을 것이다. 그 사람은 심판을 받지 않을 뿐만 아니라 죽음의 세계에서 벗어나 생명의 세계로 들어선다(요 5:24).

나는 부활이요 생명이니 나를 믿는 사람은 죽어도 살고(부활), 살아서 믿는 사람은 영원히 죽지 않을 것(생명)이다(요

11:25).

영원한 생명은 영혼불멸이 아니다. 영혼불멸은 사후에 불멸을 말하지만 영생은 죽어도 살고 살아도 사는 부활과 생명의 삶이다(요 11:25).

내 말을 듣고 하나님을 믿는 사람은 심판도 받지 않고 죽음의 세계에서 벗어난다(요 5:24).

나를 믿는 사람은 살아도 살고, 죽어도 산다. 결국 죽음을 초월한 삶이다. 하나님의 아들은 죽음을 초월한 삶이다. 하나님의 말씀을 받은 사람은 신이다(요 10:35).

신에게는 죽음이 없다. 믿는 사람은 하나님의 힘으로 사는 사람이다. 살아도 하나님의 힘으로 살고, 죽어도 하나님의 힘으로 산다.

영생은 살아도 영생이요, 죽어도 영생이다. 영혼불멸은 죽은 후에 사는 것이지만 영생은 죽기 전에도 살고, 죽은 후에도 사는 것이 영생이다. 요한복음은 그리스도가 생명이라고 한다. 그것은 그를 믿는 사람들에게도 주시는 생명이다.

이 생명은 영원한 생명이다. 이 생명은 우리가 타고난 생명과는 전혀 다른 생명이다. 우리 생명은 땅에서 나온 생명이요, 이 생명은 하늘에서 온 생명이요, 이 생명은 죽기 전에도 주어지고, 죽은 후에도 계속 된다. 그래서 죽어도 살고, 살아도 산다고 한다. 이것이 요한복음이 우리에게 가르치는 내용이다.

바울은 예수가 죽은 것은 우리의 죄를 없이 해주기 위해서 죽었고, 예수가 산 것은 우리의 의를 살리기 위해서 살았다고 한다. 십자가는 우리를 위해서 죽었고, 부활은 우리를 위해서 살았다고 한다. 바울은 내가 그리스도와 같이 십자가에 달려 죽었고, 내가 그리스도와 같이 부활해서 살았다고 한다(갈 2:20). 바울은 죽음을 초월하고 생명을 초월하여 영원생명을 산 사람이다. 바울은 살아도 살았고, 죽어도 살았다.

바울은 하나님의 아들이기 때문이다. 영원한 생명은 하나님의 아들이란 말이다. 믿음으로 사는, 하나님의 힘으로 사는 하나님의 아들이다. 하나님의 아들은 하나님과 같이 영원히 산다.

2010년 8월 22일

후 기

요한복음은 나는 누구인가 하고 묻는다. 그리고 그리스도를 통해서 나는 길이요 진리요 생명이다(요 14:6)라고 대답한다. 공자는 아침에 도를 들으면 저녁에 죽어도 좋다(조문도朝聞道 석사가의夕死可矣)고 하였다. 그래서 많은 사람들이 도(길)를 닦았고 진리를 깨닫고 생명을 얻었다.

요한복음은 우리 동양 사람에게는 생소한 복음이 아니다. 사람들이 도를 찾는 것은 죽음 때문이다. '죽음은 끝이다' 라는 생각이 사람에게 절망을 안겨준다. 복음은 '죽음은 끝이 아니다' 라고 가르친다. 죽음은 시작이다. 인생은 죽음으로부터다.

십자가는 끝이 아니라 시작이다. 밀알 한 알이 땅에 떨어져 죽지 않으면 한 알 그대로 있고, 죽으면 많은 열매를 맺는다(요

12:24). 내가 이제 영광을 드러낼 때가 왔다. 죽음은 끝이 아니라 시작이고 그것은 빛이요 영광이다. 씨를 땅에 뿌리는 것은 하나님의 사랑이다. 씨가 싹이 트는 것이 부활이고, 많은 열매를 맺어 곡간에 거두어 들이는 것이 승천이다.

십자가는 사랑이요, 부활은 믿음이요, 승천은 희망이다. 그래서 바울은 자기도 하나님의 사랑으로 십자가에 달려 죽었고, 그리스도의 믿음으로 부활하였으며 성령의 도움으로 승천을 기다리고 있다고 했다.

십자가는 사랑이고, 부활은 믿음이며, 승천은 기독교의 희망이 되었다. 의인은 하늘나라에서 해와 같이 빛난다(마 13:43). 십자가는 하나님의 사랑이요 빛이고, 부활은 믿음이요 힘이요(롬 1:4), 승천은 희망이요 생명(요 5:26)이다.

나는 진리(빛)요 길(힘)이요 생명(숨)이다(요 14:6). 사람은 누구나 머리로 생각하고, 배로 힘을 얻고, 가슴으로 숨을 쉬는 빛(목目), 힘(구口), 숨(비鼻)이다.

빛, 진리를 깨닫고; 힘, 길(도道)에 통하고; 숨, 생명을 얻기 위해서 십자가를 지고 부활하고 승천하는 것이 그리스도다.

오늘도 모든 그리스도인이 진리를 깨닫기 위하여 십자가를 사랑하고, 도에 통하기 위하여 부활을 체득하고, 생명을 얻기 위하여 승천을 희망하고 있다.

양명은 밥을 먹고 잠을 자고 깨어나는 것이 '도'라고 한다.

배고프면 먹고(도道) 고단하면 자고(생명生命), 해가 뜨면 깨는 것(진리), 이것이 동양 사람들의 평상시도平常是道다. 공자도 오도吾道는 일이관지一以貫之라고 한다.

요한복음은 동양 사람에게 한없이 고마운 기쁜 소식이다.

2010년 8월 4일

부 록
2

제2권 차 례

제3권 차 례

제4권 차 례

제5권 차 례

찾아보기

〈인명〉

〈책, 작품명〉

〈용어〉

빛 힘 숨: 십자가 부활 승천

요한복음 강해 1

김홍호 사상 전집 · 성경강해 1

지은이 | 김홍호
발행인 | 최정식
기획 편집 | 임우식 · 이경희

1판 1쇄 발행 | 2011년 2월 7일
1판 2쇄 발행 | 2013년 6월 5일

발행처 | 사색 출판사
주소 | 서울 중앙우체국 사서함 206호
전화 | 070-8265-9873 팩스 02-6442-9873
홈페이지 | www.hyunjae.org
이메일 | hyunjae2008@hotmail.com
인쇄 | (주)약업신문

ISBN 978-89-93994-09-4 04080
ISBN 978-89-93994-10-0 (세트)

*이 책은 〈김홍호 사상 전집〉 제8번째로 출판되었습니다.

*이 도서의 국립중앙도서관 출판시도서목록(CIP)은 e-CIP 홈페이지
http://www.nl.go.kr/cip.php에서 이용할 수 있습니다.(CIP제어번호: CIP2011000095